平凡社新書
1051

林陵平のサッカー観戦術

試合がぐっと面白くなる極意

林陵平
HAYASHI RYŌHEI

HEIBONSHA

林陵平のサッカー観戦術●目次

第6章 個人的に「推したい」選手と監督

はじめに

みなさん、こんにちは。元プロサッカー選手の林陵平です。Jリーグで12年間プレーし、2020年末の現役引退後は様々な放送中継局や紙・WEBメディアで主に海外サッカーの解説や分析のお仕事をさせていただき、2021年から2023年までは東京大学運動会ア式蹴球部の監督も務めていました。本書を手に取っていただき、感謝を申し上げます。

まずは、簡単に自己紹介をしたいと思います。僕が八王子の地元クラブでサッカーを始めたのは3歳の頃。四つ上の兄の影響でした。8歳からヴェルディのスクールに通い、9歳から同じヴェルディの下部組織に入団。18歳まで所属しました。

子供の頃からとにかくサッカーが大好きで、自分でプレーすることはもちろん、スタジアムやテレビでもよく観戦をしていました。当時のアイドルはドラガン・ストイコビッチ（元ユーゴスラビア代表）だったので、Jリーグだと名古屋グランパスをよく観ていましたね。

海外サッカーにハマったのは15、16歳の頃。レアル・マドリーが「銀河系軍団」と呼ばれていた時代で、ロナウド、ルイス・フィーゴ、ジネディーヌ・ジダン、デイビッド・ベッカムなどスーパースターの共演に心を鷲掴みにされました。

以降は完全に海外サッカーの虜。明治大学を経て22歳でJリーガーになって以降も、海外サッカーはずっと観続けていました。現役時代はだんだんとマニア化が加速していって、ほとんどのチームメイトと話が合わないほどでしたね（笑）。

でも、そのおかげでモンテディオ山形時代の2013年に海外サッカー試合解説のオファーをいただいて、シーズンオフの時に喋るようになったんです。それがご好評をいただき、現役中から『ワールドサッカーダイジェスト』（日本スポーツ企画出版社）や『フットボリスタ』（ソル・メディア）など海外サッカー専門誌で連載を持たせていただき、著書『Jリーガーが海外サッカーのヤバイ話を教えます』（飛鳥新社）も書かせていただきました。2020年シーズンをもって引退した後、すぐに東京大学運動会ア式蹴球部から監督就任オファーが届いたのは、こうした実績の積み重ねだったと自負しています。

ただ、現役の頃と引退後ではサッカーの見方が完全に変わりました。実際に選手としてプレーしていた当時はやはり感覚的な部分が強くて、主に個人の技術や動きにフォーカスしていました。とくにズラタン・イブラヒモビッチ（元スウェーデン代表）やルート・ファン・ニステルローイ（元オランダ代表）、クリスティアン・ヴィエリ（元イタリア代表）、オリビエ・ジルー（フランス代表）、ハリー・ケイン（イングランド代表）など、僕と同じCFのプレーに目が向きがちでした。

でも、引退後は個人のプレーや局面のみならず、もっと全体からサッカーを観るようになったんです。「チーム全体の構造はこうだ。だから、このゾーンにスペースができるし、こうしたプレッシングが効果的になる」など、より俯瞰的な思考に変わっていきました。かつては「木」（個や局面のプレー）だけを見ていましたが、今はより「森」（チーム全体の構造）を見ているというイメージですかね。

この変化は、間違いなく監督を任されたからですし、より多くの試合を観るようになったこと、そしてJFAコーチングライセンス講習会（B級を現役中の2018年に、A級を2022年に取得し、2024年からプロレベルを指導できるS級も受講）などで多くの学びを得たからだと思っています。個人的には、ますますサッカーを観るのが楽しくなっています。

監督として、そして解説者として僕が最も大切にしてきたのは、「とにかく試合を観る」ことです。テレビ放送しかなかった昔と違って、現代はインターネット放送が主流なので、家はもちろんカフェや電車でも試合をチェックできます。僕にとっては最高の環境ですね。

2022年までは海外サッカーの解説がメインでしたが、2023年からは『Jリーグプレビューショー』(DAZN)のレギュラーにも抜擢していただいたので、最近は欧州サッカーとJリーグを合わせて月に100試合ほど観ています。その上で試合解説が月に10試合以上、さらに東大の練習や試合が週6回ほどありました。

ちなみに、2023年のとある週末のスケジュールは、次のような内容でした。

■土曜日
07:30〜 起床、朝食

09:00〜　筋トレ
11:00〜　移動しながら電車内で1試合視聴
14:00〜　東大での練習
17:00〜　カフェで2試合視聴
20:00〜　スタジオ入り
21:00〜　プレミアリーグ解説
23:30〜　移動してホテル入り

■日曜日
00:30〜　スタジオ入り
01:30〜　ラ・リーガ解説
04:00〜　ホテルに戻って就寝
07:00〜　起床、朝食
11:00〜　東大の試合前ミーティング

13：00～　東大の試合
18：00～　ホテルに戻って仮眠
23：00～　スタジオ入り
24：00～　プレミアリーグ解説
27：00～　ホテルに戻って就寝

こうしたスケジュールを周囲の人に話すと、「いつ寝ているの？」とだいたい驚かれます（笑）。でも、僕は忙しいのがまったく苦にならないし、むしろ楽しいんですよね。試合を観れば観るほど知識が上積みされますし、自分の成長に繋がっている実感も常にあります。

僕が解説者として多くのオファーをいただけるようになった最大の理由は、まさにこの「圧倒的な知識量」だと思います。時間を惜しまずに様々なリーグの試合を観ているし、誰よりもチームと選手の特徴を知っている自信があります。もちろん雑誌やWEB、SNSでも情報を仕入れますが、何よりも大事にしているのはとにかく試合を観ること。どの分野でも「百聞は一見に如かず」の真理は変わらないはずです。

僕が解説中に最も心掛けていることとは、この圧倒的な勉強量で得た両チームのシステムやスタイル、噛み合わせ、選手の特徴などを活用しながら試合中の現象をどう言語化し、上手く伝えるか。「なぜ今このチームのハイプレスがハマっているのか?」、「なぜ今日は攻撃が機能しないのか?」、「なぜゴールが生まれたのか?」など局面や構造の話を、できるだけ誰にでも分かりやすく説明するようにしています。この現象の「なぜ」が分かるとサッカーをより深く理解できますし、この「なぜ」を明確に素早く言語化できることが、僕の解説者としての大きな強みだと思っています。

さらに僕は、こうした戦術的な話のみならず、プライベートも含めた豆知識もしっかり事前に仕込み、話せるようにしています。「〇〇選手の私服はオシャレなんですよね」、「最近、○○選手はお子さんが生まれたんですよね」、「○○選手の新しい彼女さんがモデルでとても美人です」などピッチ外の話を、タイミングを見て入れるようにしているんです。

そうした熱烈なファンしか知りえないような情報を要所で盛り込むので、各クラブのファンには「林陵平は俺らの仲間だ」と思われがち（笑）。とくにアーセナル戦の解説が多い時期は「グーナー（アーセナル・ファンの意）なのでは？」とよく言われるんですが、実際は固定の推しチームがあるわけではないんですよね。でも、それだけ知識量を評価されている証拠ですし、素直に嬉しいです。

つまり僕が理想とするのは、戦術やスタイルはもちろん、両チームのシステムの噛み合わせ、選手の特徴やバックボーン、直近のコンディションや戦績、豆知識の全てがトップレベルで語れるうえ、さらに元プロ選手らしい視点、そしてファンならではの熱量も備わった解説者。そのために日々の勉強を重ねていますし、それらが実際に評価されてビッグマッチを担当させていただけることを嬉しく思います。

ちなみに、僕が好きなチームは、チームとしての意図が明確なチーム。サッカーは「個」に依存してもある程度の戦いをできますが、そこに「組織」を掛け合わせることでパフォーマンスが何倍にもなるスポーツです。だからやはり戦術的な狙いが明確なチームのほうが選手の個性も出やすく分析で深掘りしやすいので、観ていても楽しいですね。

例えば2023―2024シーズンだと、三笘薫が所属しているプレミアリーグのブライトン、ラ・リーガのジローナ、エールディビジのフェイエノールトに惹かれています。ロベルト・デ・ゼルビ、ミチェル、アルネ・スロットという監督は、個性的な戦術の中で選手の個性を存分に活かして、魅力的なサッカーを展開しているんです。監督としても解説者としても、とても勉強になりますね。

個人的にサッカーの見方は、人それぞれだと思っています。チームでも選手でも戦術でもテクニックでも、楽しみ方は自由。しかし、本書で順を追って解説していく「観戦力」をアップさせれば、サッカーをより深く知ることができますし、より楽しめるようになるはずです。いま三笘にフォーカスして試合を観ている方も、ブライトンや日本代表の構造や狙いを少しでも理解することで、もっと深く三笘という選手を知ることができるわけです。

だから本書では、サッカーを観る上で押さえておきたい様々な要素を分かりやすく説明しながら、みなさんの「観戦力」を少しでもアップデートしていきたいと考えています。日本サッカーがさらに飛躍するためには選手と監督はもちろん、メディア、そしてサポーターのみなさんの成長が不可欠。少しでもその手助けになる1冊になれば、この上なく幸せです。

［編集付記］選手の所属先などの情報は2024年1月時点のものです。

2021年１月から2023年12月まで監督を務めた東京大学運動会ア式蹴球部での様子

海外サッカーは日本の深夜開催も多いが、ジョークを挟むなどエンジン全開

第1章　観戦がぐっと面白くなる心構え

本題に入る前に、まずはサッカー観戦を楽しむための基本事項や心構えをお話したいと思います。推しチームを作ることの大切さ、選手名鑑やSNSの活用法、試合直前に確認しておくべきこと、などをまとめました。海外サッカーの知識がある方もない方も、ここに挙げたポイントを是非とも心掛けてみてください。より多角的な視点を持つことで、観戦力がぐっと高まるはずです。それではいきましょう！

「推しチーム」の試合を「週1」で観続ける

サッカーをより深く理解する上で最も重要なことは、やはり「とにかく試合を観る」ことに尽きます。

僕は現役時代からサッカーマニアだったので、その当時でも海外サッカーを月に最低40試合は観ていました。引退して解説者・監督になってからは、さらに増えましたね。海外サッカーの担当ゲームは両チームの試合を少なくとも事前に5試合はチェックしているし、2023年から『Jリーグプレビューショー』のレギュラーも担当しているので、Jリーグを観る機会が増え、さらに東大監督を務めていた時は対戦相手の分析も行っていたので、月に100試合ほどは観ています。仕事の合間はもちろん、電車やタクシーなどの移動時間も駆使しています。これだけの数の試合を観ているので、今では「日本で一番サッカーを観ている解説者」だと思います（笑）。

これから海外サッカーを観ていこうという方には、まず「推しチーム」を作ることをお勧めしたいです。キッカケはなんでもいいと思います。好きな選手がいる、好きな監督がいる、チームカラーがかっこいい、強そうだからなんとなく気になる、などどんな些細なことでもいいんです。とにかく継続的に観ていくほうがチームの良し悪しが分かるし、愛着も持ちやすいですからね。

とにかく最低でも「週1」のペースで試合を観てください。まさに継続は力なりで、推しチームの特徴が徐々に分かっていくことはもちろん、「観る眼」が養われていくからです。プレーと同じく観ることにもトレーニングが大切で、週1のペースを1か月、3か月、半年、1年と続けていくと、サッカー観が必ず変わっていくはずです。

海外サッカーは日本だと深夜キックオフも多いので、ライフスタイル的にライブ視聴が難しい方もいるかと思います。そうした方はアーカイブ放送でもオッケー。とにかく推しチームの試合を「週1」で観続けてください。

「選手名鑑」を使い倒す！

もちろん事前準備として、雑誌、WEB、SNSなどで情報を集めることも大事です。とくにシーズン開幕付近に発売される選手名鑑は海外サッカーを観る上でマストアイテム。僕は連載を持たせてもらっている『ワールドサッカーダイジェスト』と『エル・ゴラッソ』の欧州サッカー選手名鑑を愛読していて、それぞれ自宅用と持ち歩き用で2冊も持っています（笑）。

選手名鑑はまさに情報の宝庫です。まず名前の読み方、国籍、身長・体重（僕は多くの選手のサイズも頭に入れています）などの基本情報を知ることができます。いきなり全部を記憶するのは難しいですが、まずお勧めしたいのが名前、顔、ポジションをリンクして覚えること。この三つさえ頭に入っていれば、試合を観ていてもパッと選手のポジションが分かるし、チーム全体の配置も理解しやすいからです。

さらに選手名鑑には基本的な情報の他に、プレースタイルなども書かれていますよね。例えば、「爆発的なスピードが武器だが、決定力は課題」と書かれている選手がいるとしましょう。その選手が実際の試合中に、ドリブルで敵陣を切り裂いた後に簡単なシュートを外したら、「あっ、名鑑に書いてあったことはこれだ」って思いますよね。こうした積み重ねが自分の知識になっていくものです。

欧州サッカー・ビギナーの方は、Jリーグと比較しても多彩で莫大な情報量に最

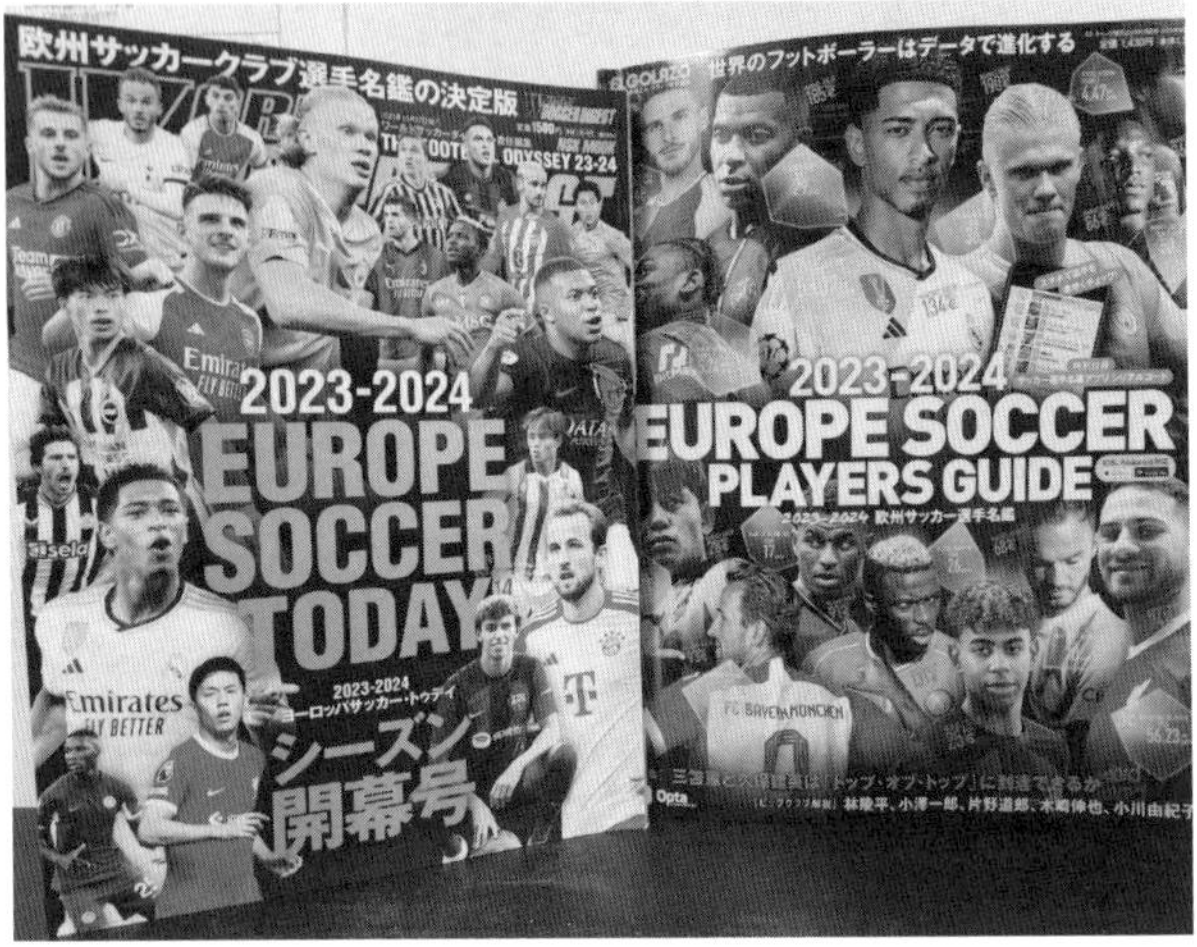

愛用の『ワールドサッカーダイジェスト』と『エル・ゴラッソ』の選手名鑑

初は面食らってしまうかもしれません。例えばプレミアリーグは20クラブそれぞれに25人前後の選手が所属しているので、単純計算で約500人もプレーしており、世界中から集まっているので国籍もまちまちです。その全員を一気に覚えるのは無茶ですが、まずは自分の推しチームの選手、そして徐々に相手チームの選手の特徴を覚えていってほしいですね。

選手のSNSは情報の宝庫

WEBやSNSでは、主に最新情報を仕入れることができます。チームやリーグ、メディアの公式アカウントでは怪我、移籍、出場停止などの情報、選手のSNSではプライベートなネタも知れるので、推しチームの選手アカウントはどんどんフォローしていったほうがいいと思います。

僕もかなりたくさんの選手アカウントをフォローしています。中でもお気に入りのインスタグラム・アカウントは以下ですかね。

・ルベン・ディアス（@rubendias）：写真が常にイケメン。惚れ惚れします。
・ズラタン・イブラヒモビッチ（@Ibra_official）：ワードチョイスがとにかくオシャレで、短くピシッと綴る言葉にはセンスが溢れています。
・チアゴ・シウバ（@thiagosilva）：写真選びが良く、言葉がポエジーです。
・アントワーヌ・グリーズマン（@antogriezmann）：バスケットボールや野球が好きなようで、大谷翔平選手のサイン入りグッズに関する投稿もありました。

映像や文字情報（選手名鑑、WEB、SNS）で様々な知識を溜め込んでいくと、徐々にチームや選手の好・不調が分かるようになっていきます。僕も今や、キックオフ5〜10分ほどで選手の調子、チームの狙いが分かるようになりました。解説者として事前の準備はすごく大事にしている部分ですし、ファンのみなさんも推しチームの知識が豊富なほど試合をより楽しめると思います。

試合直前にやるべきことは、まずその試合の〝立ち位置〟を頭に入れておくことです。国内リーグでも開幕戦なのか、ライバルとのダービーなのか、優勝がかかった試合なのか、残留がかかった試合なのかなど、状況によってチームのテンションや戦い方はおのずと変わっていきます。国内カップ戦や欧州カップ戦だともちろん状況も異なり、例えばイングランドのトップクラブは1シーズンで以下の四つのコンペティションを戦います。

・国内リーグ戦：プレミアリーグ

・国内カップ戦：ＦＡカップ、カラバオカップの二つに出場
・欧州カップ戦：チャンピオンズリーグ（通称ＣＬ）、ヨーロッパリーグ（通称ＥＬ）、ヨーロッパカンファレンスリーグ（通称ＥＣＬ）のうち基本は一つに出場

それを理解した上で、まず押さえたいのがキックオフ1時間前くらいに発表されるスタメン。注意しておきたいのは、必ずしもベストメンバーとは限らないということです。例えば、①プレミアリーグのビッグマッチ→②ＦＡカップの下部リーグクラブとの対戦→③プレミアリーグの下位チームとの対戦→④ＣＬのビッグマッチというスケジュールだと、②と③は主力の数人を休ませるケースもあります。その点も含めて、前記した試合の立ち位置をしっかり知っておく必要があるわけです。

解説する時に僕は、スタメン発表の時点で改めて自分のノートや選手名鑑、ＳＮＳで両チームの情報を頭に入れます。その上で試合を想像し、質的な優位性、さらにはシステムの噛み合わせなどをイメージしています。視聴者の方にも、この時点

での楽しみ方があると思います。例えばAチームのファンの方も、相手のBチームの情報も入れたほうが試合全体のイメージが膨らむはずです。「Aチームの右サイドバックは足が遅い。Bチームの左ウイングは足が速いから、苦戦するかもしれない」みたいなシミュレーションができるからです。

さらに試合前の時点で、チームの近況や順位を把握しておくことも大事です。この試合は何がなんでも勝利を狙っているのか、それとも引き分けで勝点1を奪うだけでも上出来なのか、チームによって試合に向けたアプローチは異なります。そこさえ理解していれば、「Aチームにとっては勝点1でもオッケーな試合だから、リスクの少ない守備的なサッカーをするかもしれない」と予測・理解ができて、実際に観ていても「守ってばかりで面白くない」とは思わないはずです。そうした深い部分を理解できるようになるとサッカーをより楽しめるし、だからこそ僕は「サッカーに塩試合なんてない」と思っています。

試合前の整列などで僕が注意深く観ているのは、主に選手の表情。継続的に観ていると、この時点で気合いの入り方が分かるし、「あっ、髪型が変わった」みたいな変化も分かるようになります。対戦相手との挨拶では、元チームメイトや仲良しの選手とはハグが熱烈だったりするので、そのあたりも注目ですね。

欧州サッカーだと、スタンドに座っているクラブのオーナーやスポーツディレクター、レジェンドOB、そして家族などが、試合前や試合中に映像で抜かれる（映る）ケースがあります。そのあたりの知識もあると、「あっ、今日は○○が観に来ている」とか、「○○の奥さんだ。抱いている子供はインスタで見た長男だ」など と気づけるので、副次的にも中継を楽しむことができます。このラインまで分かるようになったら、立派な欧州サッカーマニアだと思います（笑）。

第2章　90分間で観るべきポイント

サッカーは、野球やバスケットボールなど他競技と比べて、いわば「区切りがない」スポーツです。だから連続したプレーの中で展開が目まぐるしく変わる部分が大きな特徴です。流れが変わるキッカケはワンプレー、戦術変更、交代など複数あり、だからこそ90分間ひと時も目が離せない。この点がサッカーの大きな醍醐味になっていますよね。

「初期配置」と攻守のアグレッシブさを把握する

キックオフ時に確認すべきなのは、まず「初期配置」です。両チームの基本システムは、4－3－3なのか4－2－3－1なのか3－4－2－1なのか、という部分ですね。20年くらい前のサッカーはそれを知るだけで十分でしたが、昨今のトップレベルのチームはだいたいがそこから攻撃時と守備時にそれぞれ可変します。だから基本システムという概念そのものの意義が薄まってきていますが、どんなチームや監督にも必ずベースはあるので、初期配置はしっかり把握したいところです。

【実例】2023–2024マンチェスター・シティの初期・攻撃時・守備時の配置

初期配置
（４—２—３—１）

攻撃時配置Ａ（３—２—５）

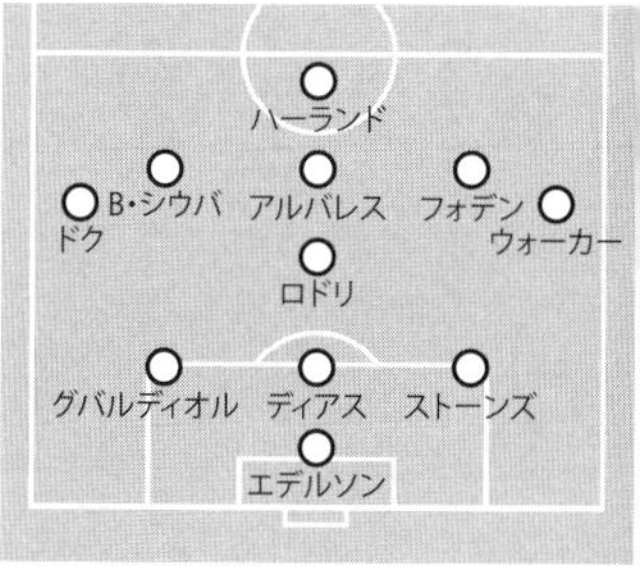

攻撃時配置Ｂ（３—１—５—１）

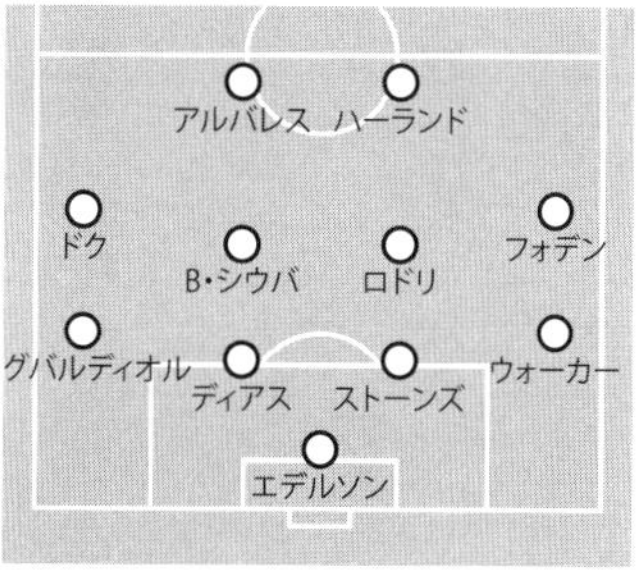

守備時配置Ａ（４—４—２）

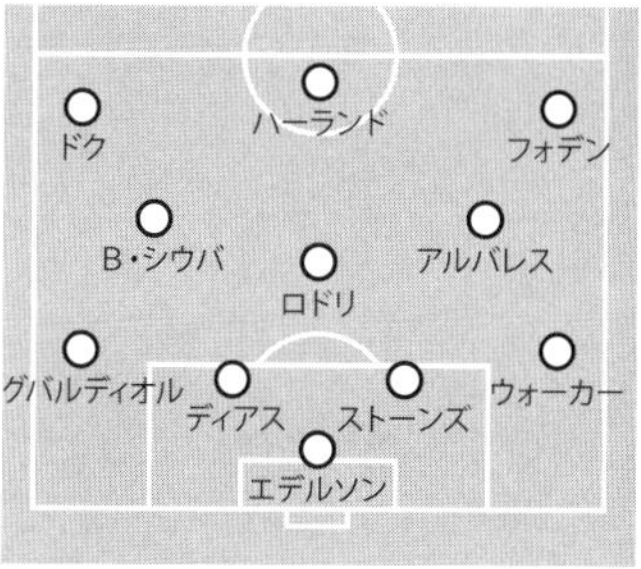

守備時配置Ｂ（４—３—３）

僕はスタメンを知った段階でだいたい、両チームの初期配置や攻守可変を予測できます。ただ、状況や相手によって配置を変えてくる監督も多いので、実際にキックオフしてから改めて、自分の予想がどのくらい当たっているのか答え合わせをするように確認しています。「このメンバーだと、初期配置が4―3―3、攻撃時が3―2―5、守備時が4―4―2かな」と思っていても、攻守で配置が違っていたり、可変の仕方が異なったりするケースがあるんですよね。そこで「あっ、今日はこのやり方か」、「なるほど、こんなやり方もあるのか」などの新しい発見があるので、とくにキックオフ5分間くらいは選手の配置に注意して試合を観ることをお勧めします。

同時にキックオフ5分間くらいで僕がいつも気にしているのが、チームのアグレッシブさです。その最大の指標はやっぱり守備時の動き方。具体的には、相手のビルドアップに対するプレスの高さ（ハイプレスかミドルプレスか、もしくは撤退ブロックか）とかけ方（人基準かゾーン基準か）、ネガティブ・トランジション（攻↓守の切り替え）時に即時奪回、撤退守備のどちらを優先しているのか、などですね。このあたりを理解できているとサッカーをより論理的に理解できるし、いま何が機能していて何が機能していないかも分かるので、是非ともチェックしてみてください。

キックオフから10分は「4局面の振る舞い」に注目

配置、アグレッシブさなどの次に確認すべきは、「4局面の振る舞い」です。サッカーというスポーツは、基本的に以下の四つの局面で成り立っています。

・攻撃：目的はボールを前に運び、チャンスを作り、ゴールを奪うこと
・攻撃→守備の切り替え（通称ネガティブ・トランジション）：目的は素早くボールを奪い返すか、相手の攻撃を遅らせること
・守備：目的は相手の攻撃を阻み、ボールを奪い、ゴールを守ること
・守備→攻撃の切り替え（通称ポジティブ・トランジション）：目的は攻撃の態勢を整える、相手守備が整わないうちにボールを前に運び、ゴールを奪うこと

キックオフから10分くらいが経過すると、この4局面ごとのチームの基本的な原則や狙いがだいたい把握できます。例えば攻撃ならば、GKも使って後方から丁寧にビルドアップするのか、それともロングボールを使いながら縦に速く攻めるのか。そのどちらを重視していて、それがどれくらい機能しているかを僕は気にかけています。とくに海外サッカーはこのあたりの狙いが明確で、しかもすごく洗練されているので、テレビで観ていても非常に面白い部分です。是非とも意識してみてください。

それと、このくらいの時間帯になると、両チームが使っているシステムの噛み合わせも見えてきます。先ほど説明した初期、攻撃時、守備時のそれぞれの配置が、ハマっているか否か。例えば、Aチームが中盤のセンター付近に3人を配置しているのに、Bチームが同じゾーンに2人しか置いていなかったら、数的有利なAチームが基本的には中盤を支配する構図になります。こうした場面でBチームには、様々な選択肢があります。例えば以下ですかね。

①その状況を受け入れて戦う
②配置は微調整程度で、前線や最終ラインから１人を中盤に回して対応する
③配置を大きく変える

Ｂチームはこの中で、一つだけを選んで戦うとは限りません。最初は①→やっぱり苦しくなって②にする→それでも試合の展開が変わらず③にする、など変化していく時もあります。

注目していただきたいのが、このチームとしての配置の噛み合わせが個人のパフォーマンスにも直結すること。例えばＢチームのＭＦ陣の動きが悪いように見えるのは、中盤でＡチームよりも数的不利のためカバー範囲が広いからだったりします。
僕はこのあたりも解説の時にすごく意識していて、「いまＢチームの○○選手は配

置的に1人で2人を相手していて、非常に苦しい状況ですね。配置を変えないと、いずれこのスペースに大きな穴ができそうです」など、できるだけ上手く言語化できるように心掛けています。

こうした細かい部分はある程度はサッカーを知ってないと分からない部分ではありますが、この「配置の噛み合わせ」は本当に重要な部分です。2022年のカタール・ワールドカップでも日本代表の久保建英がドイツ戦後に、「前半は（配置的に）僕たちのやり方と相手のやり方がマッチしてなかったから苦しんだし、逆に後半は相手が僕たちの5バックに面食らっていたと思う。システムは改めて重要だなと感じました」とコメントしていました。「配置」にまつわるあらゆる事象はサッカーをより深く観戦する上で間違いなく不可欠な要素ですし、サッカーは「チーム＝個人」だという原則もよく分かるはずなので、みなさんも是非とも注意深く観てください。

試合の前半で主にチェックすべきことは、ここまでお話しした配置、アグレッシブさ、4局面の狙いと機能性、システムの噛み合わせ、あたりです。どの時点でスコアが動くかにもよりますが、この四つさえ押さえておけば試合のだいたいの流れや優位性、力関係などが理解できるはずです。

ハーフタイムでは「スタッツ」を確認

ハーフタイムに入った時に僕がチェックするのは、「スタッツ」です。ボール支配率、パス成功率、シュート本数、守備関連（タックルの数、クリアの数）、イエローカードの枚数などですね。最近はどのリーグも公式サイトやデータサイトなどでスタッツがリアルタイム更新されているので、とっても便利ですね。僕は数字と自分の感じた印象を組み合わせて、前半を総括するようにしています。

あとは先ほども述べた4局面がどれだけ機能していたか、ベンチにどんなカード（サブの選手）が揃っているかなどを再確認します。試合解説の際にはそのあたりの情報をもとに監督が次にどんな手を打ってくるかを予測し、後半戦の展望を話すように心掛けています。例えば、次のようなコメントになりますね。

「Aチームは中盤の数的有利を上手く活かしてゲームを支配し、前半のボール支配率は60％でした。しかし、シュートは2本しか打てていません。最後の30メートルでクオリティーと連動性が足りていないので、どこかの時間帯でFWを代えてくるかもしれないですね」

「Bチームはポゼッション型のチームなのに、前半のボール支配率は40％でした。中盤で数的不利になる場面が多いので、後半は配置を変えてくるか、DFを削ってMFを投入するかもしれないですね」

試合を観戦しているサッカーファンのみなさんも、パソコンやスマートフォンなどでハーフタイムにざっとスタッツ、そしてベンチのカードをチェックしてみてください。推しチームの前半の大枠が摑めますし、交代カードを含めて後半の予測が立てやすくなるはずです。

日本代表の逆転勝利に見る「選手交代」の重要性

その選手交代は、現代サッカーでますます重要になっています。交代枠は以前の3人から、パンデミック後は5人へと増えました（コロナ禍に入った2020年から各国リーグで段階的に導入され、2022年に国際サッカー評議会が正式ルールとして定めた）。この変更はサッカー自体を大きく変えました。かつては例えばハーフタイム、60分、80分と1人ずつ交代枠を使うのが基本でしたが、今は2〜3人の同時交代という思い切った手段が可能になりました。これによって配置や戦い方を一気に変え、〝ゲームチェンジ〟することができるようになったんです。

記憶に新しい例だと、2022年のカタール・ワールドカップの日本代表とスペイン代表の1戦です。前半の日本代表は、配置も噛み合わない上に選手個々のクオリティーでも圧倒され、11分に失点するなど完全にスペイン代表に試合を支配されていました。この流れを見た森保一監督は、後半頭から三笘薫、堂安律というアタッカー2枚を投入。3―4―2―1の初期配置は同じでしたが、プレスのスタート地点を前に持っていくなどアグレッシブな姿勢を打ち出しました。明らかにゲームチェンジしたわけです。

結果はみなさんがご存知の通りですよね。48分に堂安が同点ゴールを決めると、51分には三笘が見事なアシスト（日本では「三笘の1ミリ」として話題に）で田中碧の逆転ゴールを演出。途中投入された2人が決定的な働きをしたんです。さらに勝ち越し後は再び全体のラインを下げる守備的な戦い方にシフトし、62分に入った浅野拓磨、69分に入った冨安健洋、87分に入った遠藤航がディフェンス面で特大の貢献。しっかり試合を締めて、逆転勝利に貢献していました。

交代枠が3人の時代だったら先の展開を考えざるをえない森保監督も、ハーフタイムに三笘と堂安を同時投入するのをためらったはずですし、浅野、冨安、遠藤を含めて全員をピッチに立たせることができなかったわけです。まさに5人交代時代ならではの試合展開でした。交代カードの使い方でこのように大きくゲームチェンジできるのが現代サッカーなので、後半頭からの交代や戦術変更は本当に要チェックです。

後半は「対相手」の対策を意識する

後半がスタートしてまず確認すべきは、前半で確認していた配置、アグレッシブさ、4局面、システムの噛み合わせがどう変化したか。勝っているチームは無理をする必要がないため全体の重心が少し下がったりするケースもあるので、そのあたりのバランスも僕は注意しています。

解説者としては、ハーフタイムに監督がどんな指示を出したか予測し、変化の部分をより多く話せるように心掛けています。「SBがより早いタイミングで上がるようになった」、「配置が変化した」、「プレスの開始点が変わった」、「守備時の基本構造がマンツーマン優先からゾーン優先になった」、「交代選手はトップ下に入った」などは、実例としてよく喋りますね。前半と後半では細かいところでも何かしら変わっているケースが多いので、サッカーファンのみなさんも一つでも多くの変化に気づけるようになるといいですよね。

それと後半というのは、もちろん前半を経た上で迎えているものなので、より「対相手」が戦術的な振る舞いに大きく影響します。前半の守備時に相手の2トップに対して2CBが苦戦していればSBを中央に絞らせる頻度を高める、相手のSBが高めの位置を取ってくるからウイングをあまりプレスバックさせずに空いたスペースに留まらせる、などはよくあるパターンです。

プレミアリーグでいえば、マンチェスター・シティのジョゼップ・グアルディオラ、アーセナルのミケル・アルテタ、ブライトンのロベルト・デ・ゼルビなどトッププレベルの監督たちは、自分たちの絶対的なスタイルやフィロソフィーを持ちながらも、この「対相手」をしっかり考えて対策を練ってきたり、微調整を施してきたりします。だから彼らの意図を読むのが僕はすごく楽しいし、勉強にもなりますね。「あっ、グアルディオラはきっとこの部分をこう変えたんだ」などの発見を僕はいつも楽しんでいます。

60分前後は監督の駆け引きに注目

試合が後半に入って60分前後になってくると、スタメンに多少なりとも疲れが出てきます。だから両チームが間延びして、よりオープンな展開になるケースも少なくありません。もちろんその時点のスコアによりますが、このタイミングで監督がどんなマネジメントをするかは要注目です。

劣勢のチームは交代カードを使って攻撃的な選手を投入してくるので、それによってシステムや戦術がどう変わるのかがやはり面白い部分ですね。多少なりともリスクを背負って攻める必要が出てくるので、普段は1トップなのにDFの枚数を削って2トップにしてきたり、SBの立ち位置が明らかに前寄りになったり、攻守で全体の重心が前掛かりになったり、そういった変化が生じるようになってきます。

逆に勝っているチームは、その相手のリスク承知の勝負に対応する必要性に迫られます。敵のCFが1枚から2枚に増えれば自分たちの守備陣形を変えるケースもありますし、いかにスムーズに移行できるかが鍵になってきます。こうした場面では、だいたい監督やディフェンスリーダーが指示を出して何らかの対応策を見出します。中継でも映像で抜かれる（映る）時がありますので、監督やディフェンスリーダーの指示、選手同士が口元を手で隠して何かヒソヒソと話しているシーンは、試合観戦で面白い部分の一つだと思います。

前述したこの「対相手」の攻防は両チームともに、とりわけ後半はスコアと連動しながら最後までずっと続いていきます。僕は解説者としてそれをできるだけ分かりやすく言語化するように心掛けているので、みなさんも是非とも意識して試合を観てみてください。サッカーの観戦力が必ずアップするはずです。

試合後は「狙い」がどれだけ機能したかを確認

試合が終わった後は、サポーターのみなさんはもちろん結果に一喜一憂すると思います。でも僕は解説者という立場なので、最終的なスタッツをチェックしたり、内容を思い返したりして、良かった部分と悪かった部分を分析し、それらを上手く言語化するように心掛けています。サッカーは内容と結果が必ずしもリンクしません。内容がいまいちという時でも勝つ時はありますし、逆に内容が良くても負ける時はあります。もちろん、勝利というのは最大の目標なわけですが、偶発的に勝っても継続性には繋がりません。チームの「フィロソフィー」、「4局面の狙い」、対相手を意識した「ゲームプラン」などがどれだけ機能していたかを確認することが、次節以降に向けてとても重要になります。

こうした考え方はいわば監督目線なわけですが、個人的にはサポーターにも理解してもらいたい部分の一つ。どうしても推しチームの結果に感情的になって、「勝ったから良い」、「負けたから駄目」という極端な話になりがちになるのは理解できるのですが、一方で冷静かつ客観的な目でも見てほしいんです。

試合後の選手や監督のインタビューでは、僕はまずその表情に注目するようにしています。そこで感情の浮き沈みをチェックするんです。ヨーロッパには天邪鬼《あまのじゃく》だったり、独特の言い回しで話したりする人も多いので、コメントだけでも十分に楽しめますね。監督の発言だったら、自分の考えとのすり合わせをしてみると面白いです。例えば、自分が「今日の試合は負けたけどチャンスは十分にあった。FWのシュートミスが多かったな」と思っていた時に、監督が「決定力の差が結果に繋がった。内容には満足している」と発言すれば、同じ感覚を共有していることになるし、嬉しい気持ちにもなりますね。お勧めの楽しみ方です。

試合後はこうした監督や選手のインタビュー、海外解説者やメディアの意見や分析がたくさん出回ります。もちろん僕もそれらに目を通しますが、全てを鵜呑みにするのではなく、一つの意見として受け止めつつ、「自分の目」を一番大事にしています。チームや選手の評価はまさに十人十色ですし、解説者の仕事を任されている限り、公平な目で自分の意見をしっかり言語化したいと思っています。サッカーファンの方々にも、少しでも同じような感覚を持ってもらえると嬉しいですね。

プロサッカー選手時代の僕は、「目の前の敵に勝つ」、「チームを勝たせる」、「ゴールを決める」などの目標を頭に叩き込んで試合に臨んでいました。だから、その当時はここまでお話しした細かい話は、正直言ってそこまで意識していませんでした。でも、解説者や監督としてお仕事をいただいている現在は違います。考え方が180度変わったと言っても過言ではないですね。今は「配置とその嚙み合わせ」、「4局面の志向性と機能性の重要さ」を日々実感しています。本書を手に取ってくださっているサッカーファンのみなさんも、きっと僕と同じように考え方を変えることができるはずです。

第3章　各ポジションの役割と象徴する選手を知る

試合を一通り楽しむことができるようになると、次第に細かいところまで気になってくるものです。その代表的なものが「ポジション」ではないでしょうか。サッカーはご存知のように1チーム、11人でプレーをします。図のように11人一人ひとりがそれぞれの位置で、それぞれ役割を担っています。その基本的な役割や求められる能力を把握しておくと各ポジションで際立ったプレーをする選手を自分なりに見つけることができるようになり、試合を観る楽しみがより増すと思います。本章では各ポジションの主な役割とそれらのポジションで世界トップレベルの選手たちについて解説したいと思います。

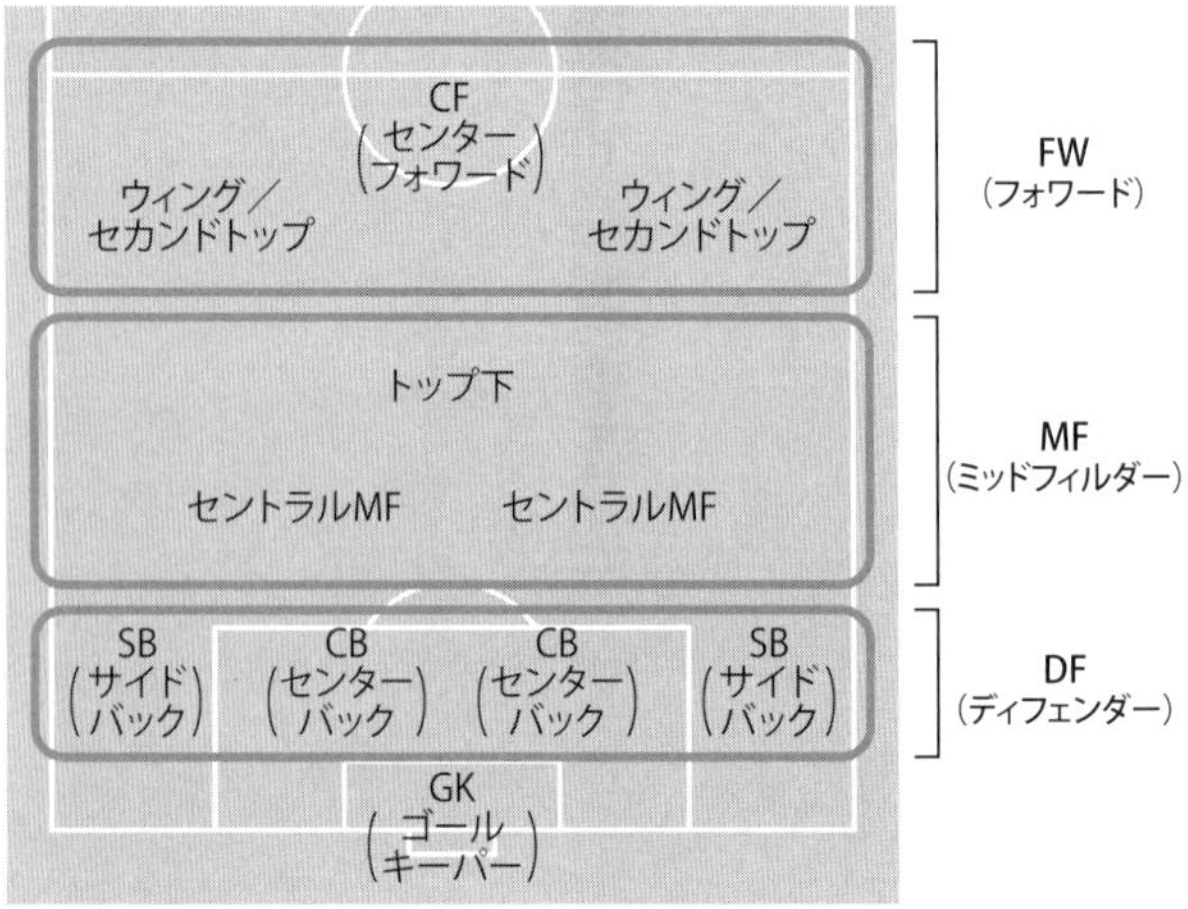

主なポジション

FW（フォワード）

ＦＷは最前線に位置するアタッカーです。分類としてはＣＦ、ウイング、セカンドトップなどに分けられますね。まずはＣＦからお話ししていきましょう。

ＣＦ（センターフォワード）

ハーランドの得点力は世界最高峰

ＣＦに最も求められているのは、何よりもやはりゴールです。究極論でいえば、89分間はほぼ消えていても（試合の中でボールにあまり絡めなかったとしても）、残りの１分間で決定的なゴールを奪えば役割を果たしていると僕は思っています。なぜならサッカーは得点を挙げない限り勝てないスポーツであり、その唯一最大の目的

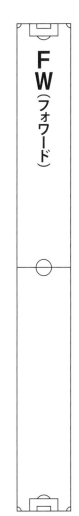

において最前線に位置するＣＦは絶対的な重要性を持っているからです。

例えば、ジョゼップ・グアルディオラが監督に就いた２０１６年以降のマンチェスター・シティは、ずっと欧州屈指のボール支配率を誇るチームでした。しかし、ＣＦの決定力にやや難があり、プレミアリーグはともかくチャンピオンズリーグでは優勝を勝ち取れずにいました。その問題を一気に解決したのがアーリング・ハーランド。この怪物ＣＦは入団１年目の２０２２―２０２３シーズンにいきなり公式戦53試合で52ゴールと大爆発し、シティは悲願のチャンピオンズリーグ優勝を含めた３冠を達成しました。シティにとってまさにラストピースとなったのがハーランドであり、ＣＦの役割と重要性が改めて浮き彫りになった最新のケースでしたね。

そのハーランドは今、間違いなく世界最強のＣＦだと思います。「あのパスに足が届いちゃうの？」というシーンが多いので、その規格外のフィジカルやスピードがフォーカスされがちですが、実際はかなりの頭脳派。ペナルティーエリア内で相手DFと駆け引きしながら細かい動きを繰り返し、ラストパスやこぼれ球に常に目を光らせているんです。それゆえ身体が常にゴール方向に向いているので、ファー、ニア、中央とシュートスポットが実に多彩なんです。つまり、準備と予測が完璧なんですよね。是非とも一度、試合中にハーランドの動きにフォーカスしてみてください。彼の動きの質の高さがよく分かるはずです。

ハーランドからは、集中力の大切さも改めて学べますね。とくに彼はいわばクラシカルな9番タイプであり、試合中のボールタッチはだいたいの試合でチーム最小。それでも世界最高クラスの決定率を誇っているのは、ボールが足下にないシーンでも集中力を切らさずにプレーできている何よりの証拠です。僕もCFだったのでよく分かりますが、サッカーにおいて最大の楽しみであり喜びでもある「ボールを蹴る」という行為が極めて限られる中で集中力を維持することは、口で言うほど簡単なことではありません。ボールがこないとイライラするCFが多い中、それでも涼しい顔をしているハーランドの表情にも要注目です。

このボールタッチの少なさもそうですし、シュートを外した時の表情を見ても、ハーランドはとにかくメンタルが傑出して強いですね。CFはチーム最大のフィニッシャーになるケースがほとんどのため、プレッシャーもかなり強いですが、データ的にはシュート決定率が100%という選手は古今東西でも存在しません。実際、2022―2023シーズンのプレミアリーグでハーランドは、リーグ新記録の36ゴールを挙げましたが、一方で決定機逸が28回でリーグ最多だったんです。多くのゴールの裏には多くのミスがあるわけで、失敗から学びながら恐れずにチャレンジを続けることが大事。ハーランドはそんなCFの真理を本当によく理解し、実際のプレーで具現化していると思います。

マルチタスクを担う「偽9番」

前述した通りハーランドは、ほぼゴールに特化した現代ではいわば希少種のCF。戦術面の進化とともに昨今は様々なタスクを担うCFのほうがむしろ多くなっています。ここ最近で増えているのが、ビルドアップの出口になりながら、状況に応じて中盤やサイドに流れて仕掛けのフェーズから攻撃に絡むタイプ。カリム・ベンゼマ（アル・イテハド）やロベルト・レバンドフスキ（バルセロナ）、そしてハリー・ケイン（バイエルン）などがその現代最高峰で、実際に彼らはゴールに加えてアシストも安定的に記録します。

いわゆる「偽の9番」的な要素も持ったこうしたCFは、チームの攻撃における影響力が極めて大きいです。例えば、2022―2023シーズンのバイエルンは、エースのレバンドフスキが退団した影響で、チームの攻撃自体が迫力とバリエーションにやや欠けました。だから2023―2024シーズンに向けて、同タイプで同格でもあるケインを獲得。個人的にはすごく合点のいく補強でした。

チーム戦術によっては、ポストプレーもCFにとって極めて大事な仕事。試合の流れや仲間と敵の配置を見極め、タイミング良くボールを落としてビッグチャンスを演出するという意味では、オリビエ・ジルー（ミラン）が今も世界トップレベルですね。ミランでウイングのラファエウ・レオンやクリスチャン・プリシッチがゴールを奪えるのは、ジルーのポストプレーがあればこそ。敵DFをしっかりブロックしながら、足や頭、時には胸でボールを捌《さば》いて、決定機を創出します。一般的にフォーカスされるのはスコアラーのレオンやプリシッチだと思いますが、チャンスを生み出しているジルーのポストプレーにも是非とも注目してほしいですね。

プレッシングなど守備力も求められる

ハイプレスが常套化した現代サッカーでは、CFの守備力も問われます。最前線のCFが良いタイミングで敵のCBにプレスをかけて、パスコースを上手く消せるか否かは、チームのプレッシングの機能性を大きく左右するからです。大切なのはポジショニングやタイミングなど戦術的な要素に加えて、純粋なスピードとスタミナ。短距離走と長距離走のアスリートがまったく異なる資質を持ち、まったく異なるトレーニングをしている通り、この二つは実は科学的に両立が難しいと言われています。でも、２０２２―２０２３シーズンのセリエA得点王に輝いたヴィクター・オシムヘン（ナポリ）は、この二つが見事に融合していて、素晴らしい出足のプレッシングを何度も繰り返します。ナポリの試合では必見ですよ。

ＣＦのプレッシングで個人的にオシムヘンと双璧だと思うのが、前田大然（セルティック）です。カタール・ワールドカップではその鬼プレスが話題になりましたが、大然は僕と２トップを組んでいた２０１７年の水戸ホーリーホック時代から信じられないスピードとスタミナを誇っていました。当時のある試合では、最高速度が３６・９キロ。思わずそのスタッツ表の証拠写真も撮ってしまいましたよ（笑）。２０２２―２０２３シーズンのチャンピオンズリーグにおける最高速度ランキングは、１位のアルフォンソ・デイビス（バイエルン）が３７・１キロ、２位のミハイロ・ムドリク（チェルシー）が３６・６キロだったので、大然のスピードはまさに世界トップクラス。しかも、カタール・ワールドカップのスペイン戦やクロアチア戦で両チーム最高のスプリント回数を記録した通り、スタミナも十二分です。可愛がっていた後輩だからという忖度抜きで、大然のプレッシングは世界トップレベルだと思います。

ウイング・セカンドトップ

シームレス化が進む

ウイング・セカンドトップは、ここ10年ほどでポジションのシームレス化が一気に進んだ印象です。大外レーンに留まり続けるのではなく、ハーフレーンやセンターレーンに入り込むタイプが増加しています。とくにリオネル・メッシとネイマールは、サイドと中央のいずれでも存在感を見せてきましたよね。ただ、2023年夏にメッシがインテル・マイアミ（アメリカ）、ネイマールがアル・ヒラル（サウジアラビア）に移籍。少なくともクラブシーンでは、世界最高レベルの舞台から身を引いた格好になりました。だから欧州サッカー界では、若い世代による新時代の扉が開かれたと言えますね。

「逆足のウイング」が主流に

一昔前のウイングといえば、右利きが右サイド、左利きが左サイドという「順足のウイング」が一般的でした。僕が子供の頃のマンチェスター・ユナイテッドも、

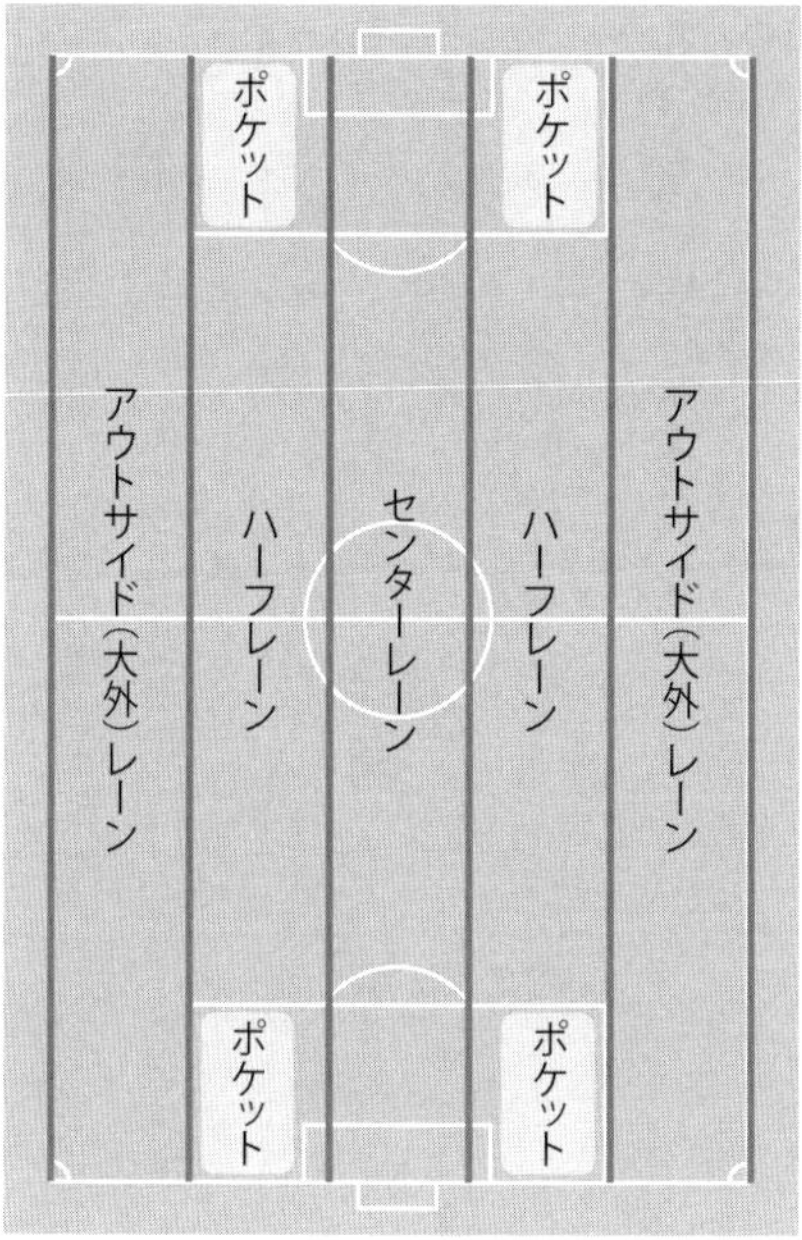

5レーン

左に左利きのライアン・ギグス、右に右利きのデイビッド・ベッカムが君臨していましたし、18歳でユナイテッドに入団した頃のクリスティアーノ・ロナウドも右ウイングでしたからね。彼らの主な仕事は縦を突いて突破し、中央にクロスを上

げることでした。

ただ、ここ20年くらいの主流は間違いなく「逆足のウイング」。左利きが右サイド、右利きが左サイドに置かれる形がどんどん増えていきました。今の日本代表が象徴的ですよね。右利きの三笘薫と中村敬斗が左サイド、左利きの久保建英と堂安律は右サイドと、いずれも逆足のウイングとして起用されており、いわゆる順足のウイングは伊東純也だけなんです。時代の流れを感じますよね。

それでも「突破力」が大事

とはいえ、順足でも逆足でも、ウイングに最も求められる能力は、やはり突破力です。ウイングは相手のSBと1対1になるケースも多いので、そこを剝がせれば一気にビッグチャンスを生み出せるからです。今の欧州サッカー界だとキリアン・エムバペ（パリ・サンジェルマン）、ヴィニシウス・ジュニオール（レアル・マドリー）が、いわば二大巨頭でしょう。彼らは純粋なスピードやテクニックはもちろん、緩急に必要な加速、減速、ストップの能力が極めてハイレベル。だから対面の相手を揺さぶれるし、結果的に抜けるんですよね。

この緩急の部分でドリブラーに着目すると、それぞれに特長や癖があって本当に面白い。例えば、エムバペはストップした状態から一気にスペースに蹴り出してスピードで勝負していたり、ヴィニシウスはシザースや足裏を使いながら敵の体勢を崩して抜いていたり、それぞれに独自の色があるんです。さらにブカヨ・サカ（アーセナル）、ジェレミー・ドク（マンチェスター・シティ）、フビチャ・クバラツヘリア（ナポリ）あたりも旬の若手ウイングなので、是非とも注目してもらいたいですね。

1シーズンで20ゴールが指標に

突破力と並んで現代のウイングに絶対不可欠な能力が、得点力です。ＣＦはもちろん相手のマークが厳しいので、だからこそウイングにドリブルで相手を抜くだけではなく、そのままゴールを奪うことが求められているんです。とくにトレンドの逆足ウイングは、サイドから中央ゾーンにカットインすればSBが付いていくのか、CBがスライドして対応するのか多少なりとも守備側が迷うし、そのまま利き足でニアにもファーにもシュートが打てるので非常に有利。だからこそフィニッシュの精度が肝要になります。

その決定力に関して誰よりも傑出しているのがモハメド・サラー（リバプール）。右ウイングが主戦場ながら2017－2018シーズン、2018－2019シーズン、そして2021－2022シーズンと、過去6シーズンで実に3度もプレミアリーグ得点王に輝いています。そのプレミアリーグでは、2018－2019シーズンにサディオ・マネ（当時リバプール／現アル・ナスル）、2021－2022シーズンにソン・フンミン（トッテナム）という同じくウイングが、サラーと並んでトップスコアラーになっています。「ウイング・ストライカー」という呼び名がピッタリなこの3人はいずれも、ドリブル突破の際にフィニッシュまでのイメージがしっかりできていて、だからこそゴールを奪えているんですよね。

その意味では、CFのタイプやチーム戦術にもよりますが、1シーズンで公式戦通算20ゴールを奪えるウイングこそが「真のワールドクラス」として認定される条件にもなりつつあります。すでにその壁を超えているエムバペやヴィニシウスに続いて、サカ、ドク、クバラツヘリアなどが大台突破できるかは2023−2024シーズンで個人的に注目している部分ですね。

日本人ウイングだと、2022−2023シーズンは公式戦通算で三笘が10ゴール、久保が9ゴールでしたが、2人ともさらに得点を量産できるポテンシャルを秘めていると個人的には思っています。メガクラブ移籍を含めて、ヨーロッパでより大きな名声を得るためにも、彼らの決定力向上に期待したいですね。

「10番タイプのウイング」

一方、トップ・オブ・トップでいわば異色の存在と言えるウイングが、ジャック・グリーリッシュ（マンチェスター・シティ）です。シティに加入した2021—2022シーズンは公式戦6ゴール、2年目の2022—2023シーズンは5ゴールと、得点力という部分では明らかに現代のウイングとしては物足りません。それでも彼は、シティの攻撃において極めて重要な存在なんです。

中央ゾーンを締める守備戦術が浸透している現代サッカーでは、攻撃側はビルドアップの出口にウイングを使って、サイドからいかに崩し・仕掛けのスイッチを入れられるかが大事。その中でエムバペやヴィニシウスはドリブル突破で攻撃を加速させるわけですが、グリーリッシュはキープ力やパスセンスというまた違った武器で攻撃に変化を付けているんです。彼に関しては「球離れが悪い」なんて批判も一部でありますが、僕に言わせればとんでもない的外れな意見。アウトサイドレーンやインサイドレーンにおけるあの数秒間のボールキープは、自チームのラインアップによる敵最終ラインの押し下げに繋がっているし、それが最終的にハーランドやケビン・デ・ブライネが良い形でボールを受けられるスペースと時間を生み出しているんです。さらにラストパスもタイミング、精度ともに素晴らしいですね。

グリーリッシュはもともと、トップ下の10番として育ってきた選手。だからこそキープ力やパスセンスが傑出していて、最近は主戦場がウイングながら実質的にトップ下の機能を担っているとも言えます。かつてのダビド・シルバ、今だとグリーリッシュとともにシティの攻撃を担っているベルナルド・シウバも、「10番タイプのウイング」に定義できると思います。

そのシティの２０２３―２０２４シーズンにおけるウイング陣は、非常に興味深い構成に仕上がっています。そもそもは10番タイプでMF的な要素が強いグリーリッシュとB・シウバ、純粋なドリブラーのジェレミー・ドク、そしてその両方の要素を持ったフィル・フォデンと、タイプ的にとてもバラエティー豊富。しかも右利きが2人（グリーリッシュ、ドク）、左利きが2人（B・シウバ、フォデン）と、バランスも絶妙なんですよね。

例えば、よりボールポゼッションを重視して戦いたければ左にグリーリッシュ、右にB・シウバと逆足ウイングを起用したり、サイドの幅を大きく取って縦に速い攻撃を仕掛けたければ左にフォデン、右にドクと順足ウイングを置いたり、両方の要素が欲しければ左にドク、右にB・シウバを送り込んだりと、あらゆる局面や状況に応じた使い分けが可能になっているんです。スタメンはもちろん試合途中の交代でも、シティのウイングに誰が置かれていて、どんなタスクを担っているかは本当に興味深いので、是非とも注目してみてください。

ＭＦ（ミッドフィルダー）

チームの中央ゾーンを担当するＭＦは、セントラルＭＦ、アンカー、インサイドハーフ、トップ下などと表記されるケースもありますが、役割としておおまかに分けると攻撃的ＭＦと守備的ＭＦに分類すると理解しやすいと思います。

攻撃的ＭＦ

プレービジョンとタイミングの感覚が大事

攻撃的ＭＦは、ポジションでいえばトップ下、インサイドハーフ、セントラルＭＦでよりオフェンシブな役割を担うタイプ。基本はボールのラインよりも前に位置するケースが多い選手たちです。

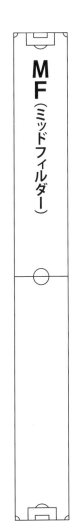

攻撃的MFで最も大事な能力は、いわゆるプレービジョン。攻撃の局面でボールが集まりやすいポジションなので、そこからいかに崩しとフィニッシュへの道筋を描き、実際に作り出せるかが肝要になります。具体的にはアシストもしくはプレアシスト（アシストの1個前のパス）が最も期待されるプレーで、アイデアとセンスが本当に大事。ボールをスペースに出すのか、味方の足下に出すのか、それともキープして少しタメを作るのかを一瞬で判断する必要があります。

そのプレービジョンや判断力といった面で頭抜けているのが、ケビン・デ・ブライネです。試合の流れ、空いたスペースを瞬時に察知しながら、一撃必殺の右足で決定機を生み出します。彼は技術的に優れていることはもちろん、さらにアスリート能力も非常にハイレベル。何度か対戦経験のある長友佑都（FC東京・僕の大学時代の盟友です）は、「デ・ブライネは強いうえに速い。半端ないよ」と言っていました。だからマーカーを剝がせるし、多少のチャージにも体勢を崩さず、ラストパスを出せるわけですよね。

そのデ・ブライネのラストパスは実は、敵陣に生まれた僅かなギャップを突いてくるので、〝優しいパス〟というよりも〝厳しいパス〟が比較的多いんです。だから2022―2023シーズンのシティがハーランドを獲得したことは、すごく大きな補強だったと言えます。常にフィニッシュを狙った動きを繰り返し、抜群の身体能力で「普通だったら届かないボール」にも合わせてしまうハーランドが、デ・ブライネの特長をより引き出したんですよね。

実際に2022―2023シーズンは、デ・ブライネのアシスト→ハーランドのフィニッシュというパターンで、公式戦通算で11ゴールが生まれています。〝現代最強の黄金コンビ〟と言っても過言ではないと思います。2023―2024シーズンは怪我で前半戦を欠場したデ・ブライネですが、後半戦の復活に期待したいですね。

ラストパスの話をもう少し続けると、パスという技術は実はボールコントロール能力（トラップやキックの正確性）と同じくらい、〝タイミングの感覚〟が大事になります。敵も味方も常に動いているので、パスを出すタイミングを間違うと絶対に繋がらないからです。デ・ブライネはもちろんその能力が傑出しているわけですが、プレミアリーグだとベルナルド・シウバ（マンチェスター・シティ）とブルーノ・フェルナンデス（マンチェスター・ユナイテッド）、マーティン・ウーデゴール（アーセナル）、ルーカス・パケタ（ウェストハム）、ラ・リーガだとトニ・クロース（レアル・マドリー）やペドリ（バルセロナ）、セリエAだとルイス・アルベルト（ラツィオ）あたりも素晴らしいタイミングの感覚の持ち主。彼らがダイレクト、ツータッチ、キープなどを使い分けてパスを出すのは、最高のタイミングを見計らっているからなんです。ラストパスのシーンでは、是非とも注目してほしい部分の一つですね。

「首振り」と「オフ・ザ・ボール」

また、攻撃的MFは基本的に中央ゾーンにポジションを取るケースが多いので、必然的に360度視野でプレーすることになります。だから、ポジションにかかわらずサッカー選手にとって不可欠な「認知（状況把握）↓判断（プレー選択）↓実行（技術）」の能力が、より求められるポジションになります。

その初期段階における認知で最も大事な首振りは、いわばサッカーの基本中の基本。その基礎を90分間を通じて誰よりも忠実に続けるのが、ルカ・モドリッチ（レアル・マドリー）です。機会があったら彼の動きを数分間でもいいので追ってみてください。本当に細かく首を振り、周囲の状況を頭の中でアップデートし続けているんです。モドリッチは華麗なアウトサイドやヒールのパスなどが注目されがちですが、その前の前の段階である認知能力の高さが、バロンドール（2018年）を受賞するほどの攻撃的MFたらしめているのは間違いありません。

さらに、攻撃的MFにはオフ・ザ・ボールの動きでペナルティーエリア内に侵入してフィニッシュに絡む仕事も、チーム戦術によっては強く要求されます。2023―2024シーズンだと、このプレーはジュード・ベリンガム（レアル・マドリー）がとにかく際立っていますよね。メガクラブ1年目の20歳とは思えないクオリティーです。

ベリンガムはもともとボックス・トゥ・ボックス型（自陣ペナルティーエリアから敵陣ペナルティーエリアをカバーするタイプ）のMFで、前所属のドルトムントやイングランド代表では4―3―3のインサイドハーフ、4―2―3―1の2センターハーフの一角を主戦場としてきましたが、2023年夏に渡ったマドリーでは4―3―1―2のトップ下を主戦場にしています。その新しいポジションで2トップが開いて空けた中央ゾーンに上手く飛び込む動きを見せ、ラ・リーガ前半戦の得点王（13ゴール）といきなりチームの得点源になっているんです。

ベリンガムの場合は、守備能力の高さも水準以上。インテンシティーの高いプレスで敵からボールを奪い、そのまま持ち上がったり前方にパスを出したりと、たったひとりでポジティブ・トランジション（守→攻の切り替え）を完遂できるんです。守備の局面におけるその献身性は特筆に値しますし、攻撃的ＭＦに彼のようなタイプがいると守備陣は本当に楽ですよね。マドリーが１億３００万ユーロ（約１６０億円）もの巨額を投じて引き抜いたのも納得ですし、もはや世界最高レベルの攻撃的ＭＦと言っても過言ではないですね。

守備的ＭＦ

周囲を支える〝黒子〟

守備的ＭＦは、アンカー、セントラルＭＦ、時にはインサイドハーフなどのポジションに位置し、その名の通り、主にディフェンシブな仕事を請け負うＭＦです。

基本はボールのラインよりも後ろに位置し、最終ラインをプロテクトしながら攻守のバランスを取る役割を担います。

最も必要な能力はもちろん守備力。とくに4—3—3、3—1—4—2、4—3—1—2など3センターハーフ・システムの1アンカーは、カバー範囲が広く負荷が非常に大きいんです。だからデュエルの強さはもちろん、カバーリング能力、危機察知能力、自己犠牲の精神などが求められますね。

そうした能力を満遍なく備えた世界最高峰は、個人的にはロドリ（マンチェスター・シティ）とカゼミーロ（マンチェスター・ユナイテッド）だと思っています。チャージ、タックル、インターセプト、そしてディレイと守備能力は全てが申し分なし。中央ゾーンにいる相手のトップ下やインサイドハーフ、そして時にはサイドに開いてウイングを文字通り〝潰す〟んです。

全盛期のエンゴロ・カンテ（アル・イテハド）もそうでしたが、ロドリとカゼミーロの危機察知能力はちょっと尋常ではないレベル。「あっ、あの選手が空いている、やばい」って局面には、いつだってロドリやカゼミーロが出てきて止めてしまうんですよね。試合の展開、敵と味方の配置がいつも頭に入っていて、常に予測が効いているからこそですが、ある程度は勘、つまり才能ゆえの部分もあると思います。こうした仕事は極めて地味ですし、なかなかスポットライトが当たらないものですが、トップ下やインサイドハーフが攻撃的に振る舞えるのは、ロドリやカゼミーロのような黒子のアンカーがいるからこそです。サッカーファンのみなさんにも是非とも知っておいてほしい部分ですね。

例えばロドリは、今やマンチェスター・シティのまさに「心臓」。シティの勝率は彼の出場時は73・3％なのに対して、不在時は53％という最新データもあるほど、チームにとって重要極まりない存在なんです。ボールより後ろのラインに留まって守備のバランスを担保しながら、さらにビルドアップでの正確な配球、崩しでのラストパス、強烈なミドルシュートなどで攻撃面でも大きな貢献を果たします。僕がメガクラブの監督だったら、真っ先にロドリの獲得を強化部門にお願いしますね。それほどまでに素晴らしい守備的ＭＦだと思います。

展開に隠れないパーソナリティー

アンカーやセントラルＭＦは、攻撃面でもとりわけビルドアップで大きな鍵を握る存在です。最終ラインや２列目と連携してボールを上手く捌きながら、ゲームをコントロールする能力が求められます。この場面で大事になるのが、ボールを引き受けようとするパーソナリティー。後ろ向きでパスを受ける場面がどうしても多くなりがちでリスクが高いため、時おり展開の中に〝隠れてしまう選手〟がトップレベルでも実は少なくありません。

その点、ロドリ、フレンキー・デ・ヨング（バルセロナ）、イブ・ビスマ（トッテナム）、ブルーノ・ギマランイス（ニューカッスル）、ビリー・ギルモア（ブライトン）

など技術と戦術眼に自信を持っているタイプは、絶対に展開の中に隠れません。どんなにマークが厳しく苦しい局面でも足下にボールを要求します。彼らは何気なくそれをやっているように見えると思いますが、実はすごくクオリティーの高いプレーなんですよね。

そのボールを受けた後も極めて重要。パスを後ろに戻すだけだと、もちろん局面が前に進みません。反転してマーカーを剥がし、ボールを前方に配球して攻撃を加速させられる選手こそがトップレベル。デ・ヨングやビスマらはこの能力が高く、日本代表だと守田英正（スポルティング）がこの「パスを受ける↓反転↓前方にパスを捌く」という一連の動きが得意ですよね。

DF（ディフェンダー）

DFはCB、SB、WBなどが基本的なポジションです。まずは最終ラインの要であるCBから解説していきましょう。

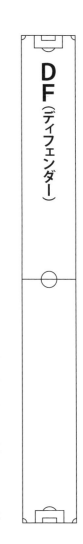

CB（センターバック）

スピードの重要性が増す

CBにはやはり何よりもまず、守備力が求められます。1対1の強さ、空中戦の高さと強さ、インターセプト、そしてカバーリング能力などですね。相手FWとの1対1に関しては、ルベン・ディアス（マンチェスター・シティ）、そしてベテランのフィルジル・ファン・ダイク（リバプール）がやはり傑出。彼らは「守備はリアクション」という真理をよく分かっている上、駆け引きで自分の土俵に持ち込んで、「アクション」でボール奪取する技術まで備わっています。

ここ10年くらいのCBに関しては、スピードの重要性も増しています。最前線からのハイプレス戦術が浸透し、最終ラインが数的同数（例えば自チームのDF3対敵チームのFW3）になる局面が一般化したので、CBは敵FWとオープンスペースで1対1になる場面がすごく増えたからです。

このオープンスペースの1対1は、パワーはもちろん、とにかく純粋なスピードが大事。その点に関してはウィリアム・サリバ（アーセナル）、アントニオ・リュディガー（レアル・マドリー）、ロナルド・アラウホ（バルセロナ）、イブライマ・コナテ（リバプール）、ミッキー・ファン・デ・フェン（トッテナム）、そしてフィカヨ・トモリ（ミラン）などがとくに素晴らしいですね。

ＣＢにトップレベルのスピードが備わっているか否かは、チーム戦術を大きく左右する要素です。例えば２０２３−２０２４シーズンのトッテナムは、俊足のクリスティアン・ロメロとファン・デ・フェンがコンビを組んでいるため、最終ラインを非常に高い位置に設定できています。ただ、ロメロとファン・デ・フェンのいずれかを欠いた試合では、被カウンター時に裏のスペースにボールを放り込まれた際に苦しい対応を強いられています。

そうなると、カウンターを食らうのが怖くなって最終ラインを押し上げられなくなり、前線からハイプレスに行っても後ろが付いてこないので陣形が間延びし、戦術そのものが機能しなくなるわけです。こうしたケースがモダンフットボールでは少なくないので、ＣＢから戦術面を考えてみるのも面白いと思います。

「経験」と「リーダーシップ」そして「相性」

また、ＣＢは判断力がとりわけ求められるポジションでもあります。自分がボールにアタックに行くのか、カバーに回るのか、最終ラインを上げるのか下げるのか、はたまたMFにプレスバックさせるのかなどを、一瞬で判断して指示を出す必要があるんです。これは様々なシチュエーションを経験して対応を学ぶことでしか絶対に積み上がらない能力なので、CBは経験とリーダーシップがすごく大事。だから、32歳のファン・ダイクをはじめ、34歳のシモン・ケア（ミラン）、35歳のマッツ・フンメルス（ドルトムント）やフランチェスコ・アチェルビ（インテル）、そして39歳のチアゴ・シウバ（チェルシー）など、ビッグクラブで生き残っているベテランも少なくありません。

個人的には、とくに2CBは相性も大事だと思っています。判断力はあるけど身体的に衰えたベテランだけでも、身体能力はあるけど判断力が甘い若手だけでも、なかなか上手くいきません。片方はベテランのリーダー系で、もう片方は若手の身体能力系という組み合わせが、やっぱり理想ですかね。今のリバプールだと、ファン・ダイク＋コナテの組み合わせが最もバランスが良い気がします。

攻撃にも積極的に関与

さらに、最近のCBには攻撃面の高い貢献も求められます。とくに後方から丁寧にボールを繋ぐポゼッション型のチームだと、CBにはMF並みのボールコントロール能力&判断力が求められます。肝になるのが、まずやはりパス能力やタイミングの感覚。近くの仲間に対するショートパスはもちろん重要ですが、さらに2、3ライン奥まで見えるとビルドアップの幅がより広がります。その分野のナンバーワンはファン・ダイクで、精度の高いロングフィードを縦はもちろん斜めにも配球して、攻撃を一気に加速させます。

また、一般的には見逃されがちですが、実はドリブルもCBの攻撃面における重要なプレー。〝運ぶドリブル〟で相手をかわして前方にボールを運んだり、いわゆる〝引きつけるドリブル〟で相手を引きつけて仲間に時間とスペースを作れたりすると、攻撃が非常にスムーズになるし、リズムアップするからです。

このいわば「戦術的なドリブル」は、日本だとあまり指導されないんですが、欧州だとすごく重要視されています。僕も東京ヴェルディでスペイン人のミゲル・アンヘル・ロティーナ監督に師事した際（2018年）、実際に目の当たりにしました。CBに対して「フリーなら運べ」、「相手を引きつけろ」という指示がすごく飛んでいたんですよね。とくにスペインはこのあたりのディテールにこだわりが強いそうで、個人的にとても学びになりました。こうした運ぶ／引きつけるドリブルは、ルベン・ディアスやチアゴ・シウバ、リサンドロ・マルティネス（マンチェスター・ユナイテッド）などが一級品。一見、何気ないプレーに見えますが、ビルドアップを円滑にする上で実は戦術的に極めて重要なCBのドリブルは、本当に必見です。

ちなみに、オフェンス面でCBを見ると、ジョン・ストーンズ（マンチェスター・シティ）は非常に異質な存在ですね。もともと、攻守万能タイプでしたが、2022―2023シーズンに守備時はCB（または右SB）を担いながら、攻撃時はセントラルMFの一角に入る新たな役割を担い、チームの3冠達成に大きく貢献したんです。パスやドリブル、そしてプレービジョンが傑出しており、本職のMFと比較しても遜色ないクオリティー。「偽のSB」が流行してからもう10年ほど経ちますが、「偽のCB」はさすがに見たことがなかったので、僕も驚きました。

さて、ここまで説明した守備力、リーダーシップ、攻撃力を総合的に見ると、CBの現代最高峰はこの項の冒頭で紹介したルベン・ディアスとファン・ダイクがいわば双璧だと思います。サッカーはどうしても攻撃面にフォーカスが行きがちですが、その反対側にある守備面も同じように重要な要素。彼らのような世界トップレベルのCBに着目するとディフェンスの奥深さがよく分かるので、是非ともみなさんも観戦中に注目してみてください。

SB（サイドバック）・WB（ウイングバック）

バランス型と超攻撃型

SB・WBは、一昔前の「守備専業タイプ」がトップレベルだとほとんど絶滅しました。「全員守備・全員攻撃」の考え方が広まり、CBと同じくSB・WBも攻撃面で小さくない貢献が求められる時代になったからです。とはいえ、WBはともかくとりわけSBは最終ラインを構成するDFなので、対人の強さ（とくに相手ウイングとの1対1）、クロスに対する空中戦の強さ、中央ゾーンへの絞りなどディフェンス能力がまず大事になります。

その守備力だと、カイル・ウォーカー（マンチェスター・シティ）やダニエル・カルバハル（レアル・マドリー）、ジョバンニ・ディ・ロレンツォ（ナポリ）、そしてそもそも本職はCBであるベン・ホワイトや冨安健洋（ともにアーセナル）、ヨシュコ・グバルディオル（マンチェスター・シティ）などが、高いクオリティーを誇りますね。彼らは3バックだとCBを担えるほどのハイレベルな守備力を備え、さらにスタミナがあるのでウイングのサポートからオフ・ザ・ボールでの動きで抜け出してのクロスなど、攻撃面でも一定の貢献を果たします。

このバランス型SBでとくに注目して欲しい選手が、シティのグバルディオルです。僕は数年前から注目していて、カタール・ワールドカップなどでの活躍を経て、2023年夏にマンチェスター・シティに移籍。3冠王者のシティでもすぐに左SBのレギュラーを射止め、攻撃時は3バックの左に入る可変に上手く対応しながら、パワーとスピードを利して敵を食い止め、正確なパスでビルドアップを円滑にしています。個人的には純粋なCBとして育ててもファン・ダイク級に成長する可能性を秘めていると思うので、グアルディオラ監督の下でどう磨かれていくのか楽しみですね。

一方で、テオ・エルナンデズ（ミラン）、アルフォンソ・デイビス（バイエルン）、アシュラフ・ハキミ（パリ・サンジェルマン）、そしてジョアン・カンセロ（バルセロナ）などは超攻撃型。彼らのスピードを活かしたドリブル突破、強烈かつ正確なクロスやシュートは、SB・WBの概念を飛び越え、トップレベルのウイングに匹敵するクオリティーを誇っています。

とくにテオのドリブル突破、というよりも〝突進〟は迫力満点でちょっと笑ってしまうレベル。彼にスピードに乗られたら、相手はファウル以外に止める術がほとんどないですね。1シーズンに少なくとも1回はコースト・トゥ・コースト（自陣から敵陣までの持ち上がり）からの目を疑うようなゴラッソを決めるので、ミランの試合を観た時は是非ともテオに注目してみてください。SBのイメージが本当に変わると思います。

また、トップレベルの超攻撃型SB・WBは、ビルドアップの局面における〝プレス回避能力〟も非常に高いです。サイドラインを背負って行動範囲が狭い、いわばハマった状態で敵のプレスを受けても、パワー、スピード、テクニックなどを駆使して独力で局面を打開できるんですよね。とくにテオやカンセロはこの能力が傑出していて、「あっ、ハマった」と思っても一瞬で抜け出してしまいます。縦はもちろん中央ゾーンに抜け出して、そのままインサイドハーフのように攻め上がるシーンもあるので、観ていて本当に面白いですね。

「偽のSB」がトレンドに

中央ゾーンといえば、攻撃時はセントラルMFやインサイドハーフのようなポジションを取るSBも最近はトレンドになっています。いわゆる「偽のSB」ですね。チーム戦術によってはテオやカンセロがこの役割を担いますし、最近だとトレント・アレクサンダー＝アーノルド（リバプール／実例参照）やオレクサンドル・ジンチェンコ（アーセナル）が代表例ですね。SBが内側のポジションを取る最大のメリットは、攻撃時にパスコースの出口が増え、守備側の基準点が曖昧になり、ビルドアップを円滑にしやすいこと。だから偽のSBにはとりわけ技術と戦術眼が不可欠ですし、もともとはＭＦだったアレクサンダー＝アーノルドやジンチェンコにはピッタリの役割ですよね。

【実例】2023–2024リバプールの「偽SB」

初期配置（4—3—3）

「偽SB」を活用した攻撃時配置（3—2—5）

ただ、ＳＢが中盤の中央３レーンに入り込むと、枚数が減る最終ラインはスライドして可変する必要が出てきます。だから被カウンター時にはやや脆《もろ》くなりがちです。例えば、２０２３―２０２４シーズンのトッテナムとブライトンは、全体のポジションが非常に流動的で、ＳＢも両サイドがともにインサイドレーンに入り込む「ダブル偽のＳＢ」的な戦術を採用しています。その配置のギャップで上手くボールを前に運べる時もありますが、ビルドアップの初期段階で引っかかると大きなピンチになりやすいリスクを抱えています。

つまり偽のＳＢは、攻撃時のメリットは大きいものの、逆に守備時のデメリットも大きい戦術と言えます。それでも採用するチームが増えているのは、世界的にアグレッシブな姿勢が広がっている証でしょう。ＳＢのタイプやポジショニングはどんどん多様化していて、チーム戦術を読み解く鍵にもなるので、みなさんも是非とも注目してみてください。

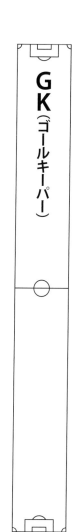

GK（ゴールキーパー）

最重要はシュートストップ能力

ここまでお話ししてきたDFと同じく、GKは以前と比べてとりわけ攻撃面のタスクが増え、欧州サッカーではここ10年くらいで〝GKのフィールドプレーヤー化〟が一気に進みました。それでも僕は、GKにとって最も大事なタスクはやはり「ゴールを守る能力」だと思っています。なんと言っても〝最後の砦〟ですからね。

だから一番重要なのは、もちろんシュートストップ能力。純粋な反射神経、さらにポジショニング、準備・予測、指示（仲間にコースを切らせてのシュート限定）などが重要になります。また、先読みしすぎないことも大事。とくに1対1やクロスからのダイレクトシュートは、近距離なのでどうしても先に動きたくなりますが、最後まで我慢できるかどうかは実はすごく重要なんです。

こうしたGKとしての基礎能力が極めて高いクラシカル型GKでは、ティボー・クルトワ（レアル・マドリー）、ヤン・オブラク（アトレティコ・マドリー）、ジャンルイジ・ドンナルンマ（パリ・サンジェルマン）が世界トップレベル。彼らは目を疑うようなビッグセーブを毎試合のように披露しますからね。コーディネーションが抜群で、セービング自体がすごく美しいので惚れ惚れしてしまいます。

さらに、GKはサイズと威圧感も非常に重要。後方からのロングボール、サイドやCKからのクロスに対してGKが前に出て処理できるかどうかは、チームの守備力を大きく左右します。その正確性と威圧感は、やっぱりクルトワが抜群。サイズがあっても実はハイボール処理が苦手なGKも少なくない中で、パンチングかキャッチかの判断、弾く際の方向や強さなど全てが完璧なんです。2023―2024シーズンは怪我で出遅れているクルトワですが、復帰した暁には是非とも注目してください。

このクルトワの身長は200センチで、ドンナルンマも196センチのビッグマン。欧州トップレベルのGKは190センチ台がもはや標準で、180センチ台前半となると183センチのヤン・ゾマー（インテル）など本当に一握りになりました。雑誌などでも185センチだと「現代のGKとしてはやや小柄」なんて書かれますからね（笑）。すごい時代になったものです。でも、ハイボール処理はもちろん、オンプレー中のシュートストップ、そしてPKでもサイズ（身長、手足の長さ）がGKにとって絶対的な武器になるのは事実。僕も現役時代、やはりサイズと威圧感があるGKが相手だと、視覚的にゴールが小さく見えたものです。

フィールドプレーヤーとしての役割も

一方、クルトワやオブラク、ドンナルンマにやや欠けるビルドアップ能力（足下の技術や判断力）、ハイラインの裏をカバーできる行動範囲の広さなどを備えたタイプも増えています。このモダン型GKは、マヌエル・ノイアー（バイエルン）がいわばロールモデルで、最近ではアリソン・ベッカー（リバプール）、エデルソン（マンチェスター・シティ）、マルク＝アンドレ・テア・シュテーゲン（バルセロナ）、アンドレ・オナナ（マンチェスター・ユナイテッド）、そしてマイク・メニャン（ミラン）などが代表格ですね。

彼らは攻撃の局面で、実質的にフィールドプレーヤーとして機能します。縦のショートパスはもちろん、中央のパスコースがない時にサイドに開くミドルパス、さらに前線へのロングフィードなどを巧みに使い分けるんです。エデルソンやアリソンはロングフィードの飛距離も十二分で、1本のパスで一気にビッグチャンスを作るケースすらあるので、シティやリバプールの試合では見所の一つです。

とりわけハイラインのポゼッション型のチームには、彼らのようなモダン型GKが絶対不可欠。つまりGKのタイプや能力が、チーム戦術そのものを大きく左右するわけです。シティは２０１７年にエデルソン、リバプールは２０１８年にアリソンを獲得してチームが大きく変わりましたが、最近だとミランがとても分かりやすい例ですね。

ミランは２０２１年夏、クラシカル型のドンナルンマが契約満了で退団し、代わってモダン型のメニャンを獲得。これによってハイラインが可能になり、さらにビルドアップの局面でGKを組み込んで「プラス１」の数的有利を作ることに成功しました。そのメニャンは今や、ミランのビルドアップで実質的なレジスタ（司令塔）を担うまでになっています。10年くらい前では信じられないことですね。

頼りになるのはどっしりと構えるGK

ちなみに、試合中はGKの振る舞いにも注目してみてください。個人的に、ピンチを迎えたり、失点したりした際に周囲の味方を怒鳴り散らしているタイプは少し不安に見えます。一番後ろにいる選手だからこそ、どっしり構え、責任を押し付けるどころかむしろ周囲を励ましているタイプのほうが信頼できますね。

この精神面でいえば、ＧＫには落ち着きに加えて、リバウンド・メンタリティーもとりわけ大事。絶対に失点しない、絶対にミスをしないＧＫなんて存在しないわけで、誰でも１シーズンで数十回は失点を喫するわけです。その時にいかに前向きなメンタルを保ち、自分はもちろんチームを鼓舞できるかが重要なんですよね。だから僕は解説中にも失点直後のＧＫの表情や振る舞いを気にしていて、精悍《せいかん》な顔で「切り替えて取り返そうぜ！」みたいなジェスチャーをしているＧＫにはやっぱり好感を持ちます。放送中でも一瞬しか映らないシーンだったりしますが、みなさんも是非とも注目してみてください。

第4章　各システムの特徴をきちんと押さえる

サッカーにおいてシステム（フォーメーション）は、チームの指標になる非常に大事な要素の一つです。観戦力を高める上では絶対に避けられない領域ですし、それぞれのシステムの特徴を摑めていたほうがより試合を深く楽しめると思います。

最近はシステムのことを、「初期配置」と表現するようにもなっています。いわゆる可変システムが世界的に浸透し、どのチームも90分間を通じて同じ形を維持するケースが稀になったからです。初期配置は4—3—3、ビルドアップ時は3—2—5、守備時は4—4—2などと可変するチームが増えていますね。

とはいえ、ベースとなるシステム（初期配置）はどのチームも必ず持っています。第2章でも少しお話しした通り、僕はスタメン発表時にある程度の予想を立てて、キックオフ時に改めてチェックします。一番分かりやすいのは、まず最終ラインの枚数を見て、4バックなのか3バックなのかを理解すること。そこから中盤、前線の配置を見ていくと全体像が見えやすいと思います。

この初期配置が頭に入っていないと、その後にどう可変しているのかが当然ながら理解できません。だから、僕は解説時にできるだけ分かりやすく説明できるように心掛けていますし、ファンのみなさんも試合を観る時はまず初期配置をしっかり把握しましょう。

ピッチ上の選手は、解説・実況やファンのように試合を上から俯瞰で見られるわけではない上、目の前の状況に集中しているので、実は試合中にシステムについて考えることは決して多くありません。ただ、とりわけ欧州トップレベルではトレーニングやミーティングでしっかり教え込まれているので、相手と状況に応じて配置を変えられるチームが多いですね。

4―4―2

バランスの良いオーソドックス・システム

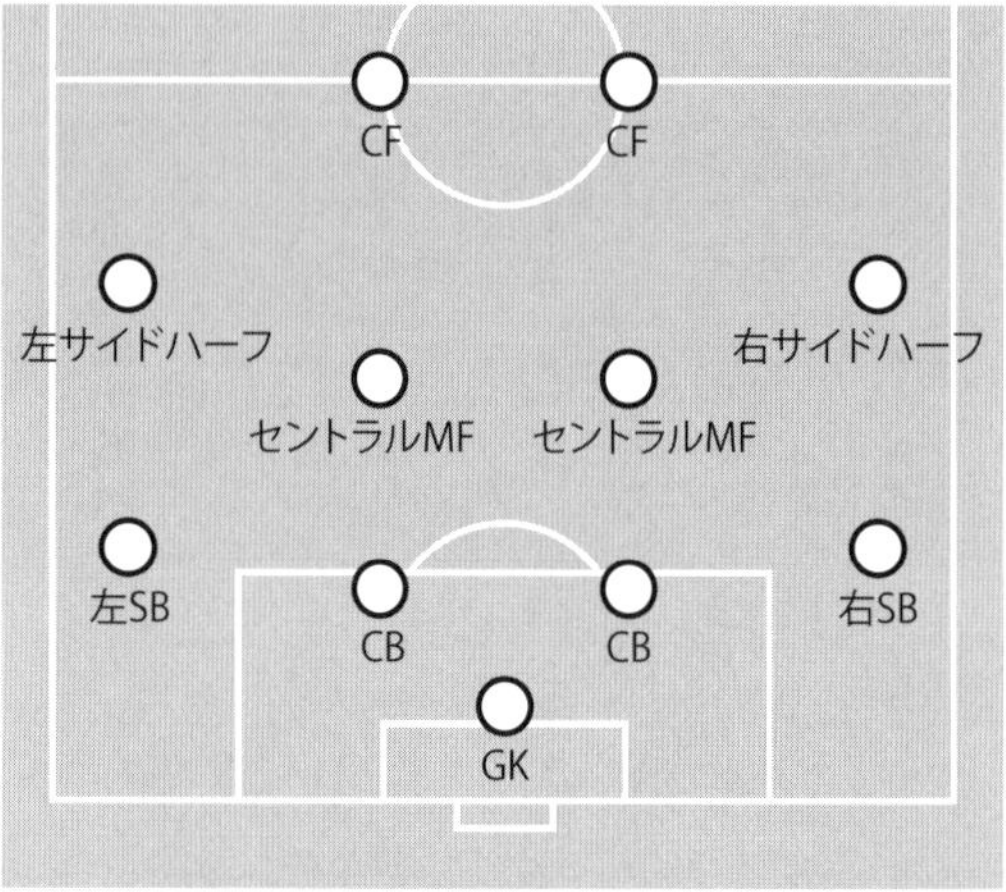

4―4―2は、縦105メートル×横68メートルのピッチ全体を最もバランス良くカバーできる、サッカーで最もオーソドックスなシステムです。

歴史的に見ると、1980年代後半にアリーゴ・サッキ監督率いるミランがこの4―4―2で大旋風を起こしたことで、1990年代には世界的に大流行。ただ、最近は運用するクラブチームがやや減ってきています。

とはいえ、イングランドにとっては伝統的な形なので（『Four Four Two』という名前の雑誌があるほど）、プレミアリーグのクラブではまだ見ますね。２０２３―２０２４シーズンだとウナイ・エメリ監督のアストン・ビラ、ヴァンサン・コンパニ監督のバーンリーなどが使っています。ラ・リーガだとラファエル・ベニテス監督のセルタ、ホセ・ボルダラス監督のヘタフェ、マルセリーノ監督のビジャレアル、さらにセルジオ・コンセイソン監督のポルトなどが４―４―２を採用しています。

長所は約束事がシンプルなのであらゆるチームで運用可能で、短時間でもある程度は作り込めること。カタール・ワールドカップでは優勝したアルゼンチン代表が４―４―２を使っていた通り、練習時間が限られる代表チームには向いているシステムだと思います。

一方で短所は、オーソドックスゆえに現代サッカーだと対抗策が無数にあることです。例えば、攻撃は斜めのパスコースが作りにくいので単調になりがち。さらに守備も、間延びすると位置的な優位性を失って崩されやすくなるし、さらに2トップの脇からボールを運ばれてスライドが間に合わないと苦しい対応を強いられます。

4—4—2の事例

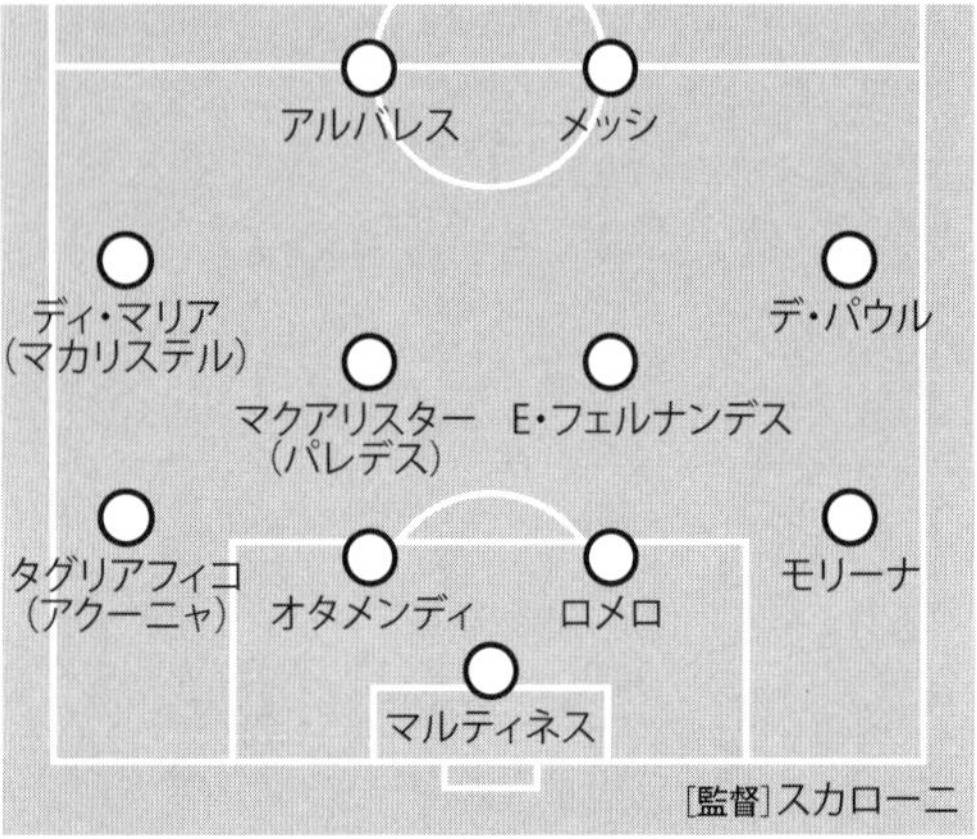

2022年カタール・ワールドカップのアルゼンチン代表

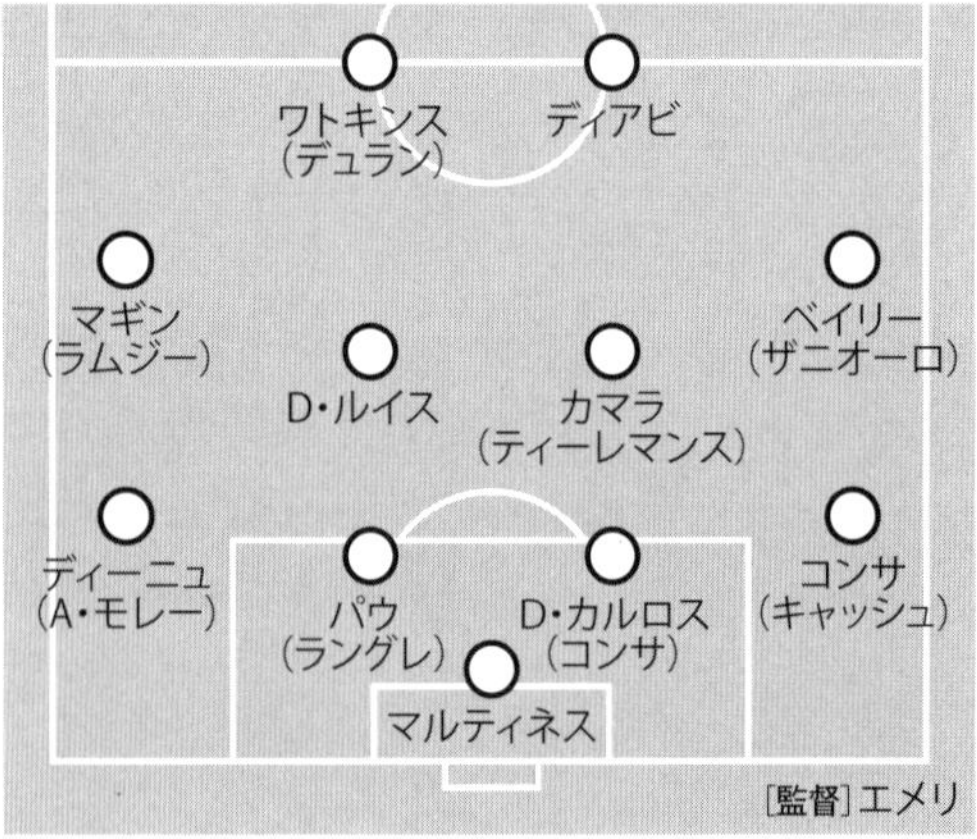

アストン・ビラ（2023–2024シーズン）

ちなみに、この4―4―2は配置がバランス良く、ゾーンディフェンスの担当区域が明確でもあるので、可変して守備時によく運用されるシステムでもあります。今の日本代表も4―2―3―1か4―3―3が初期配置ですが、いずれでも守備時はトップ下か片側のインサイドハーフを前に押し出して4―4―2の形になっています。日本代表の試合を観る際は是非とも注目してみてください。

4—2—3—1

トップ下の役割とタイプが重要

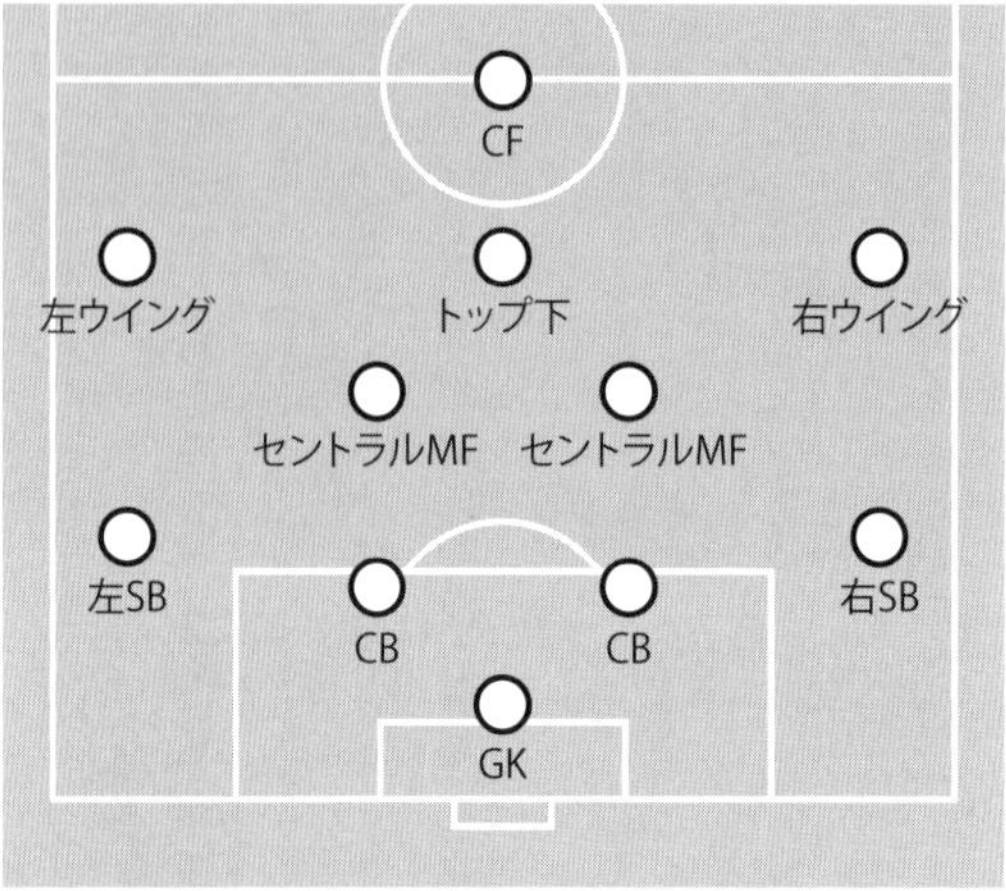

4—2—3—1は4—4—2のいわば派生系システム。CF1枚をトップ下に下げ、両ウイングもより高い位置を取ることが可能になります。最前線はCFだけになるので、トップ下やウイングが積極的にペナルティーエリア内に飛び込むなど、1トップを孤立させないことが大事ですね。

一旦はやや減りましたが、ここ数年で再び欧州トップレベルのトレンドになりつつあります。2023—2024シーズンだと、ジョゼップ・グアルディオラ監督のマンチェスター・シティ、エリク・テン・ハーフ監督のマンチェスター・ユナイテッド、アンジェ・ポステコグルー監督のトッテナム、マウリシオ・ポチェッティーノ監督のチェルシー、ロベルト・デ・ゼルビ監督のブライトン、トーマス・トゥヘル監督のバイエルンなどが採用しています。

このシステムで肝になるのは、トップ下です。トップ下がMF的な仕事をすれば中盤の枚数を担保できる一方、下がりすぎると1トップが孤立してフィニッシュの際にゴール前の人数を確保しにくくなります。このポジションにMF系を置くのか、FW系を置くのかでチームの色が大きく変わるわけです。

例えば、2023―2024シーズンのシティは、ケビン・デ・ブライネが怪我で出遅れたため、本来CFのフリアン・アルバレスをトップ下に置き、セカンドトップ的な動きをさせています。中盤の仕事はMF、そして可変してポジションを上げるDFにある程度は任せ、アルバレスをよりFW的に使っているわけですね。

一方で2023―2024シーズンのトッテナムは、ポステコグルー新監督がよ

4―2―3―1の事例

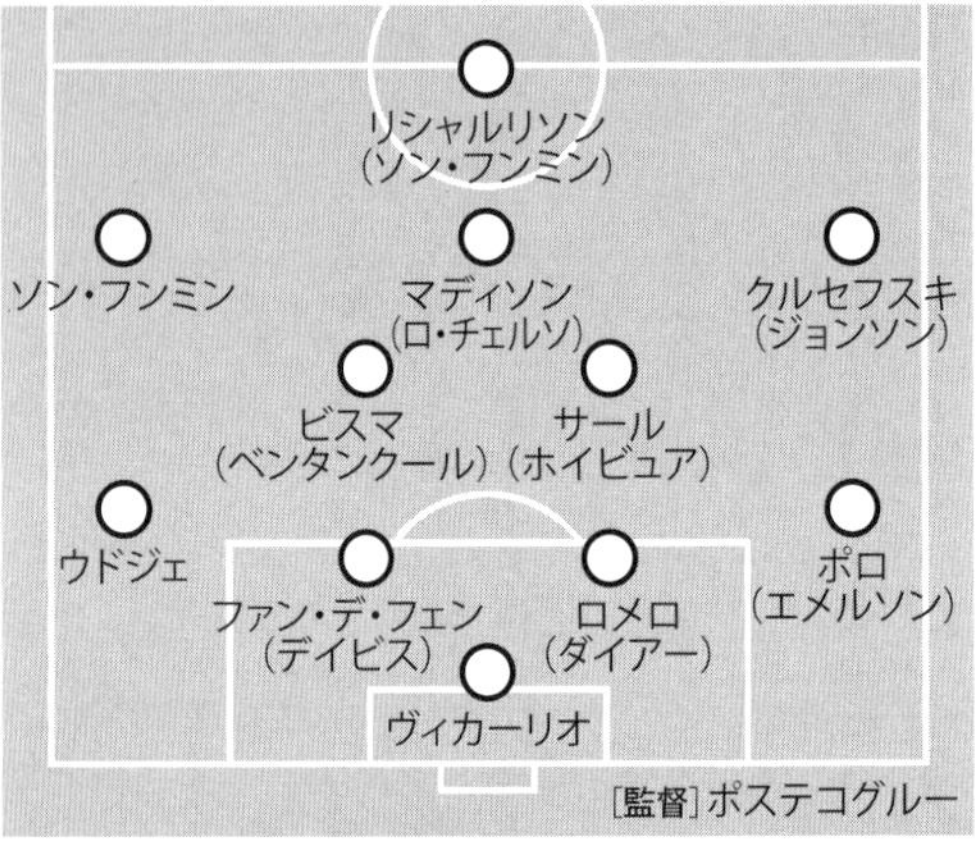

トッテナム(2023-2024シーズン)

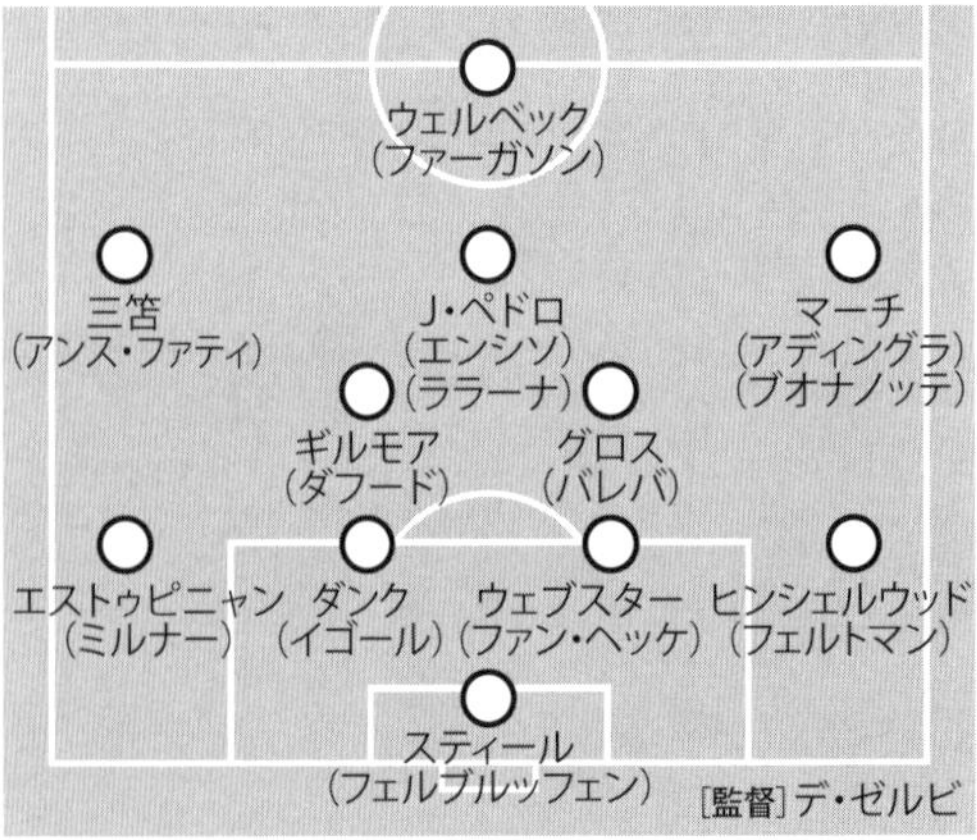

ブライトン(2023-2024シーズン)

りＭＦ色の強いジェームズ・マディソンをトップ下に起用して、司令塔的なタスクを与えています。さらに仕掛けの早い段階で両ウィングを中央３レーンに絞らせてＣＦの孤立を防いでいます。

その点で、いわば両方の顔を持っているのがブライトン。トップ下はＦＷタイプのダニー・ウェルベックとジョアン・ペドロ、ＭＦタイプのフリオ・エンシソとアダム・ララーナと、相手と状況によって使い分けているんです。デ・ゼルビ監督は同じ４―２―３―１でもトップ下のキャラクターに応じてビルドアップのやり方も微妙に変えていて、さすが戦術家だなといつも唸らされます。

このように選手のキャラクター、チームのスタイル、可変のやり方、そして相手によってトップ下の人選が変わってくるので、４―２―３―１のチームの試合を観る際はその点にも是非とも意識してみてください。

4-3-3

いま、最もトレンドのシステム

4―3―3は今の欧州サッカーで一番ポピュラーなシステム。初期配置の段階でピッチに最も多くの三角形が作れる形で、攻撃の際に幅も取りやすいので、ポゼッション／ポジショナルプレー志向のチームとの相性が非常に良いです。そのいわば代表格であるグアルディオラ監督も、2023―2024シーズンこそ諸々の事情で4―2―3―1を重用していますが、監督キャリアで最も使っているのはこの4―3―3ですしね。

全体的には攻撃的なシステムと言えます。ビルドアップの局面で左ウイング、左インサイドハーフ、CF、右インサイドハーフ、右ウイングを高い位置に置けば、5レーンに1人ずつ配置が可能となります。さらに強力なウイングを擁していれば、サイドからの1対1突破でビッグチャンスを作り出せますね。

一方で、逆三角形の中盤は攻守で仕事が多くカバーエリアも広いので、MFの個のクオリティーが高くないとなかなか機能しないシステムでもあります。とくにアンカーはビルドアップの起点&最終ラインのフィルターという難易度の高いタスクを背負っており、負担がかなり大きいですね。

実際、4―3―3を使っていた過去10年のチャンピオンズリーグ優勝チームを見ても、バルセロナはセルヒオ・ブスケッツ（現インテル・マイアミ）、レアル・マドリーはカゼミーロ（現マンチェスター・ユナイテッド）、リバプールはファビーニョ（現アル・イテハド）、そしてマンチェスター・シティはロドリと、いずれも世界トップレベルのアンカーを擁していました。「攻守で優秀なアンカーなくして4―3―3は機能しない」と言っても過言ではないと思います。

4―3―3の事例

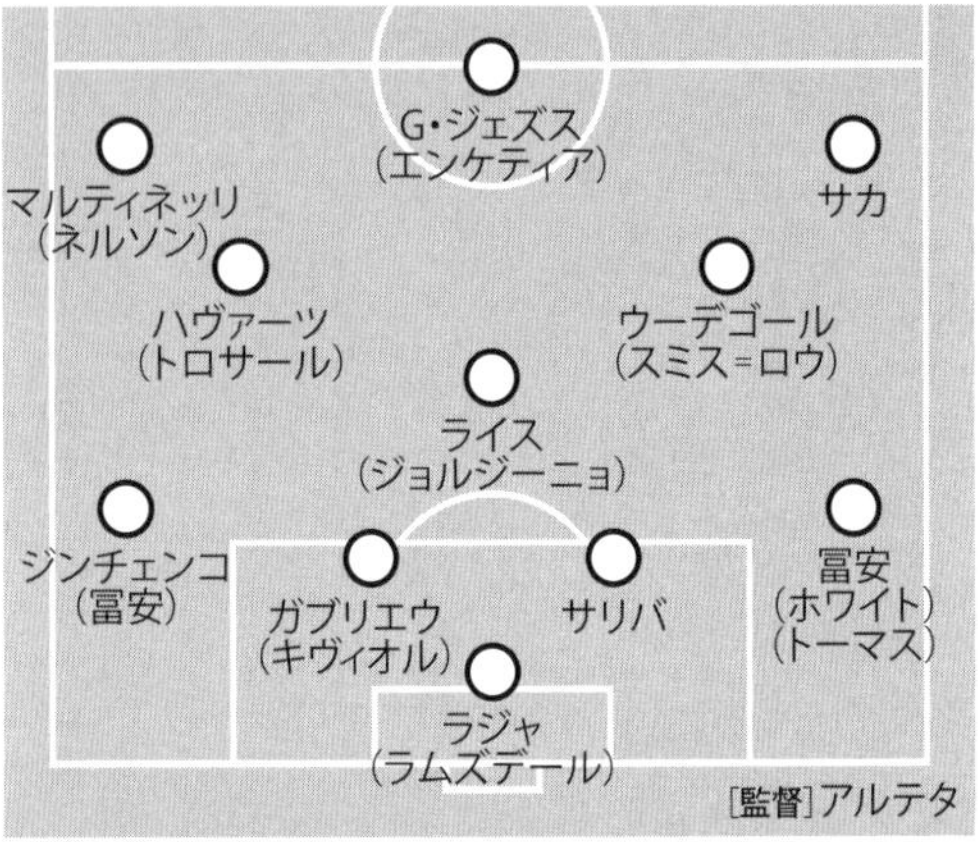

アーセナル（2023–2024シーズン）

バルセロナ（2023–2024シーズン）

4—3—3は2023—2024シーズンでもミケル・アルテタ監督のアーセナル、ユルゲン・クロップ監督のリバプール、シャビ監督のバルセロナ、イマノル・アルグアシル監督のレアル・ソシエダ、ステーファノ・ピオーリ監督のミラン、マウリツィオ・サッリ監督のラツィオ、ルイス・エンリケ監督のパリ・サンジェルマンなど、チャンピオンズリーグ出場クラブも含めて、欧州中で多くのクラブが採用しています。今後もしばらくこのトレンドは続きそうですね。

4―3―1―2

中盤で主導権を握りやすい

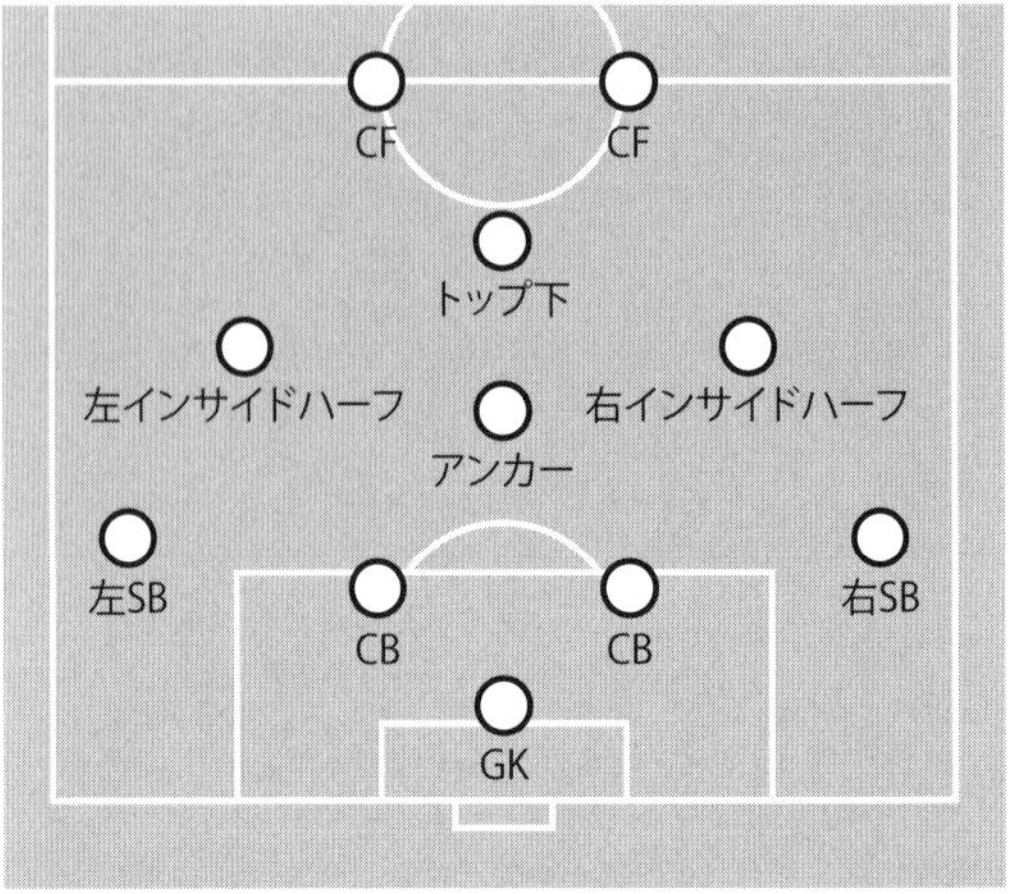

4―3―1―2は中央ゾーンの人数が多いので、中盤で主導権を握りやすいシステム。一方で純粋なウイングが不在になるので、サイドの幅を誰が取るのかが明確ではなく、攻撃が真ん中に偏りがちという弱点を抱えています。

2000年代にはカルロ・アンチェロッティ監督のミランが、この4―3―1―2とその派生系である4―3―2―1を併用してチャンピオンズリーグを二度制覇。アンカーにアンドレア・ピルロ、インサイドハーフにクラレンス・セードルフとジェンナーロ・ガットゥーゾ、そしてトップ下にカカという中盤は、世界最高峰のクオリティーを誇っていました。

その影響で２０００年代から２０１０年代中頃までとくにセリエAで流行していたシステムですが、ここ10年ほどは採用するチームがめっきり減りました。配置的にやや後ろが重くなるシステムなので、攻撃サッカーが褒め称えられる現代だとやや使いにくいのかもしれません。２０２２―２０２３シーズンを見ても、レアル・ソシエダやエンポリなどほんの一握りのチームだけが採用していた印象でした。

しかし、２０２３―２０２４シーズンにはレアル・マドリーが４―３―１―２を基本システムとして採用。しかも監督は他ならぬ元ミラン指揮官のアンチェロッティなんですよね。カリム・ベンゼマが退団した１トップにワールドクラスを欠く一方、中盤はルカ・モドリッチ、トニ・クロース、オーレリアン・チュアメニ、フェデリコ・バルベルデ、エドアルド・カマビンガ、ダニ・セバジョス、そして新戦力

4―3―1―2の事例

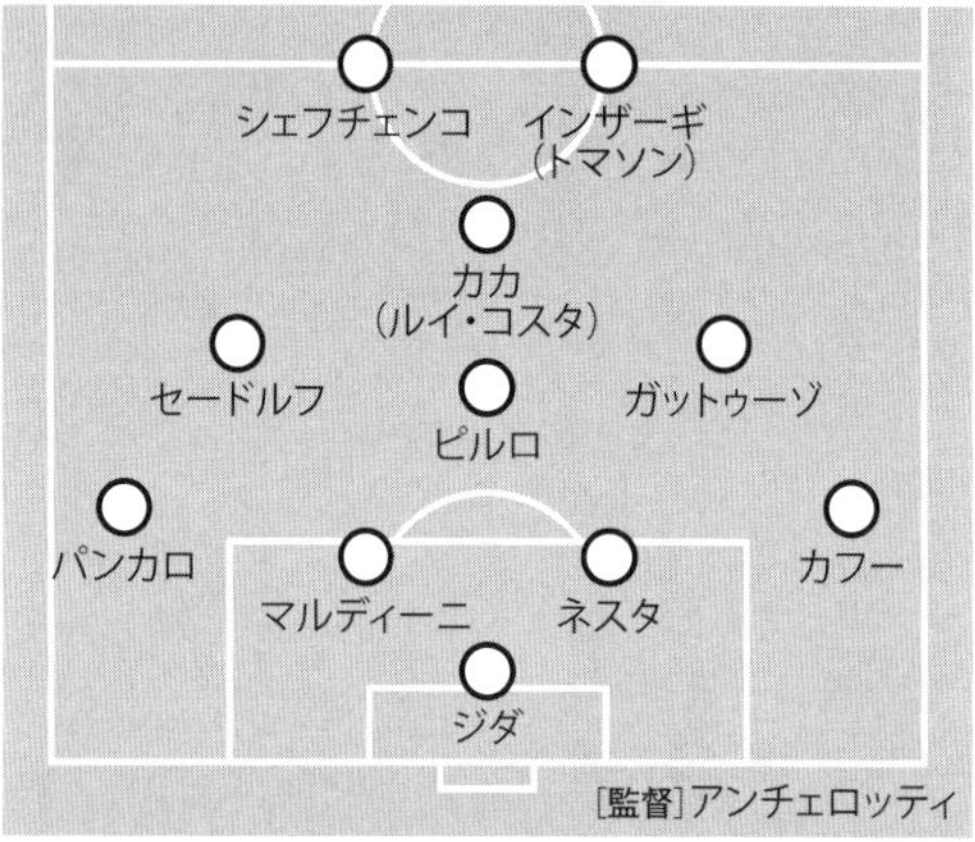

ミラン（2003–2004シーズン）

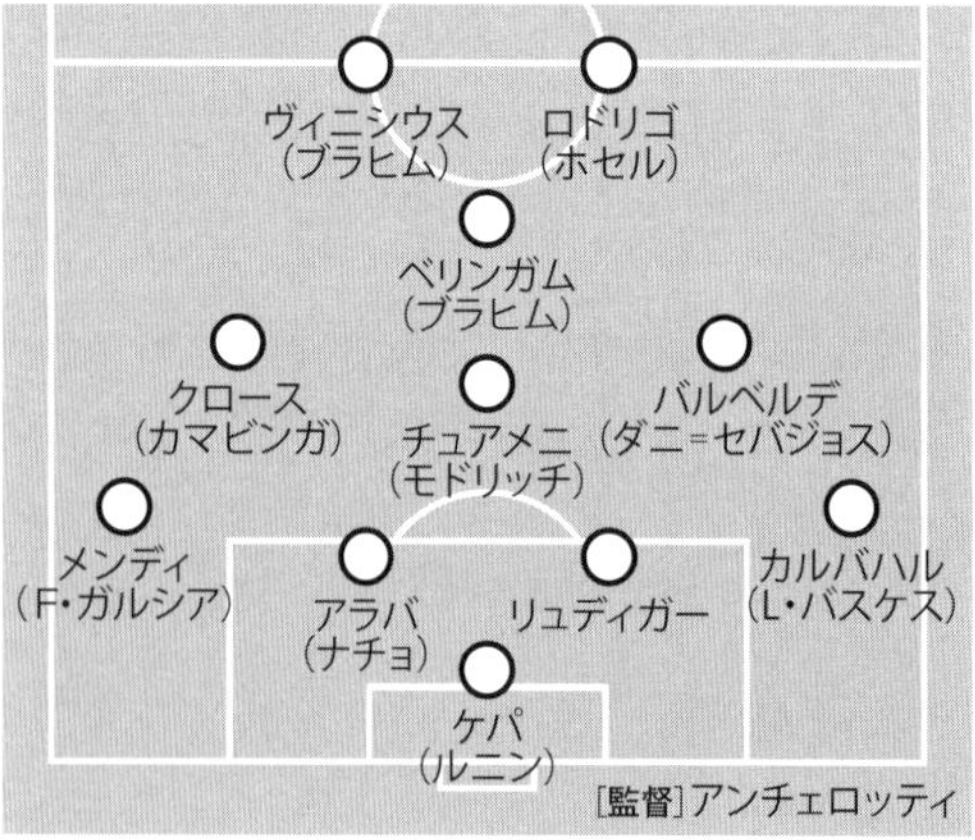

レアル・マドリー（2023–2024シーズン）

のジュード・ベリンガムと多士済々で、確かに今のマドリーには人材的なリソースに合致するシステム。しかもトップ下に抜擢されたベリンガムが期待以上にフィットして開幕からゴールを量産し、チームは素早く軌道に乗りました。

開幕当初は、本来ウイングのヴィニシウス・ジュニオールとロドリゴが2トップで起用されてやや窮屈そうにも見えました。ただ、2トップが状況に応じてサイドに流れて幅を取る動きから仕掛けるパターンが上手くハマり、彼らも躍動するようになりましたね。現代では希少システムになった4―3―1―2を採用するアンチェロッティ・マドリーが今後、さらにどんな進化を遂げるのか楽しみですね。

3—4—2—1
5レーン攻撃への対策の一手

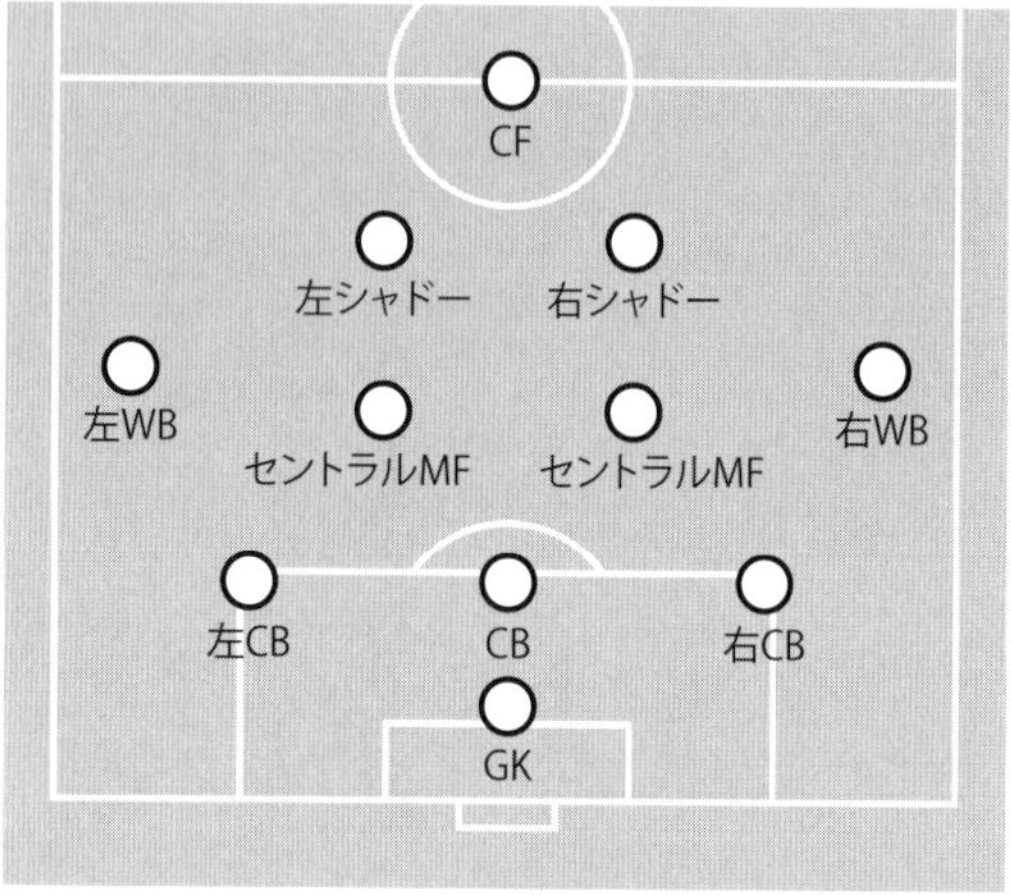

2010年代の欧州サッカー界はいわば4バック全盛の時代でしたが、ここ数年は3バックのチームが一気に増えてきました。

大きな理由は二つあり、守備面でいえば現代で最もポピュラーになった4—3—3への対策。前述した通り攻撃時は5トップに近い形で攻めてくるチームが多くなったので、4バックだと数的不利になってしまうケースが増えたんです。その点、3—4—2—1や3—1—4—2なら両WBを下げれば実質5バックで5レーン全てを埋めて守ることが可能。数的均衡を保ちながら最も危険な中央ゾーンをプロテクトできるわけです。

攻撃面の特色は、基本的に中央ゾーンに人数をかけたシステムのため、可変しなくても最後尾3枚でのビルドアップが可能なこと。相手が2枚でプレスにくれば数的優位ですし、3枚でも数的均衡なのでGKやWBを上手く使えばボールを前に運びやすいんです。カウンターも1トップ＋2シャドーを前に置いているので、その近い距離感の3人で一気に攻め切るパターンを作りやすいですね。

3バックの中でも最近とくに目立つのが3―4―2―1。2023―2024シーズンはジャン・ピエロ・ガスペリーニ監督のアタランタ、ディノ・トップメラー監督のフランクフルト、フランク・エーズ監督のRCランス、ルベン・アモリム監督のスポルティング・リスボンなどが使っており、ミランやブライトンのように戦術オプションとして採用しているチームも少なくありません。日本代表もカタールル・ワールドカップでスポット採用していましたね。

3—4—2—1の事例

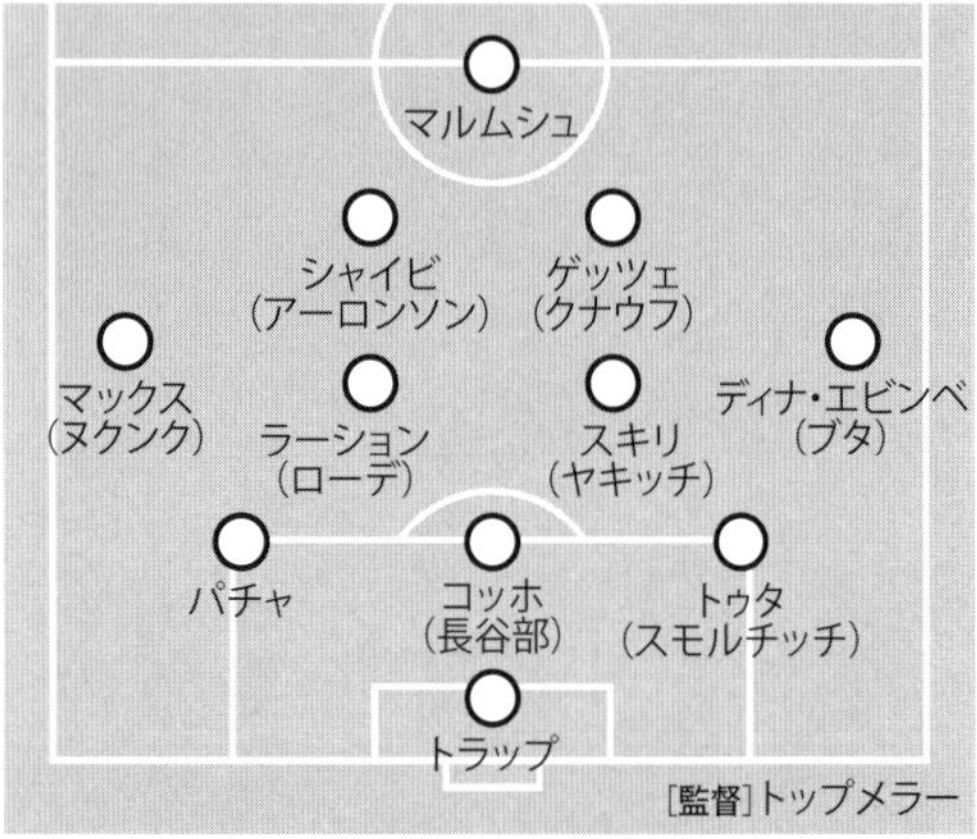

フランクフルト（2023–2024シーズン）

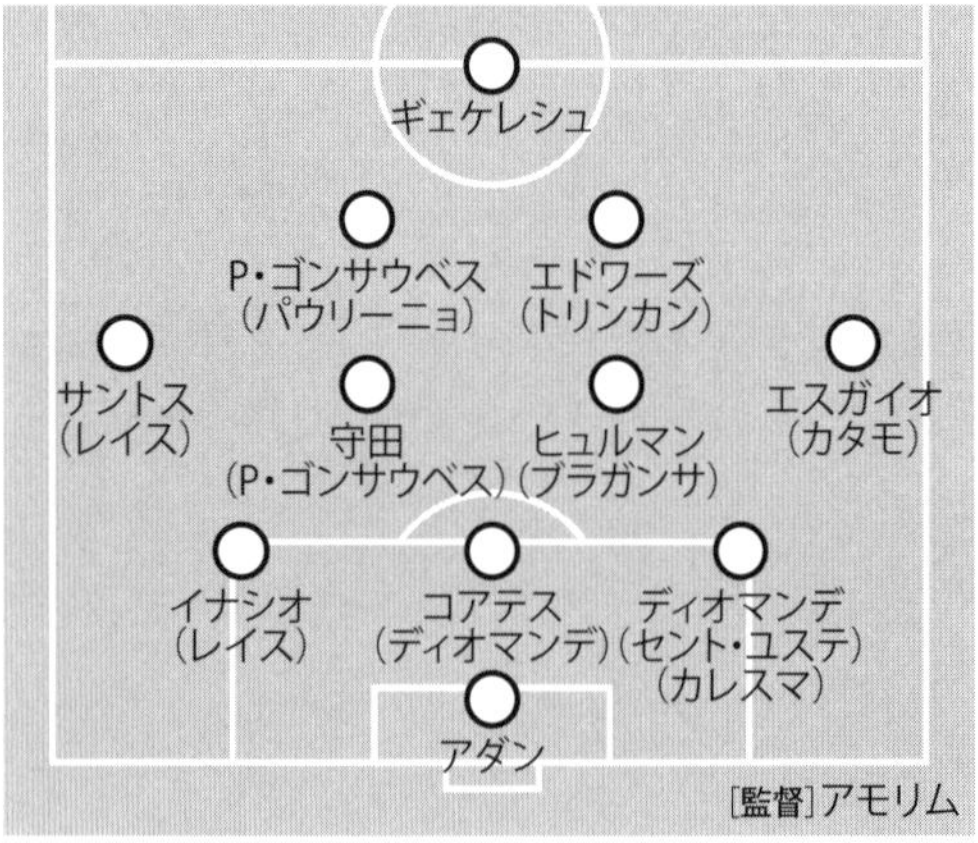

スポルティング（2023-2024シーズン）

システム的にキーマンになるのは、なんと言っても両WB（ウイングバック）です。初期配置ではサイドの幅を取る唯一の存在であり、文字通りウイングでありサイドバック。攻守で大くのタスクを背負うことになります。このWBが攻守でクオリティーを発揮できないと、3バック系システムは停滞しがちになります。常に上下動が求められ疲労度が凄まじいゆえ、監督が交代カードを切りやすいポジションでもあるので、3バック系システムのチームを観る時は是非ともWBに注目してください。

3—1—4—2・3—4—1—2
相当な運動量が求められる

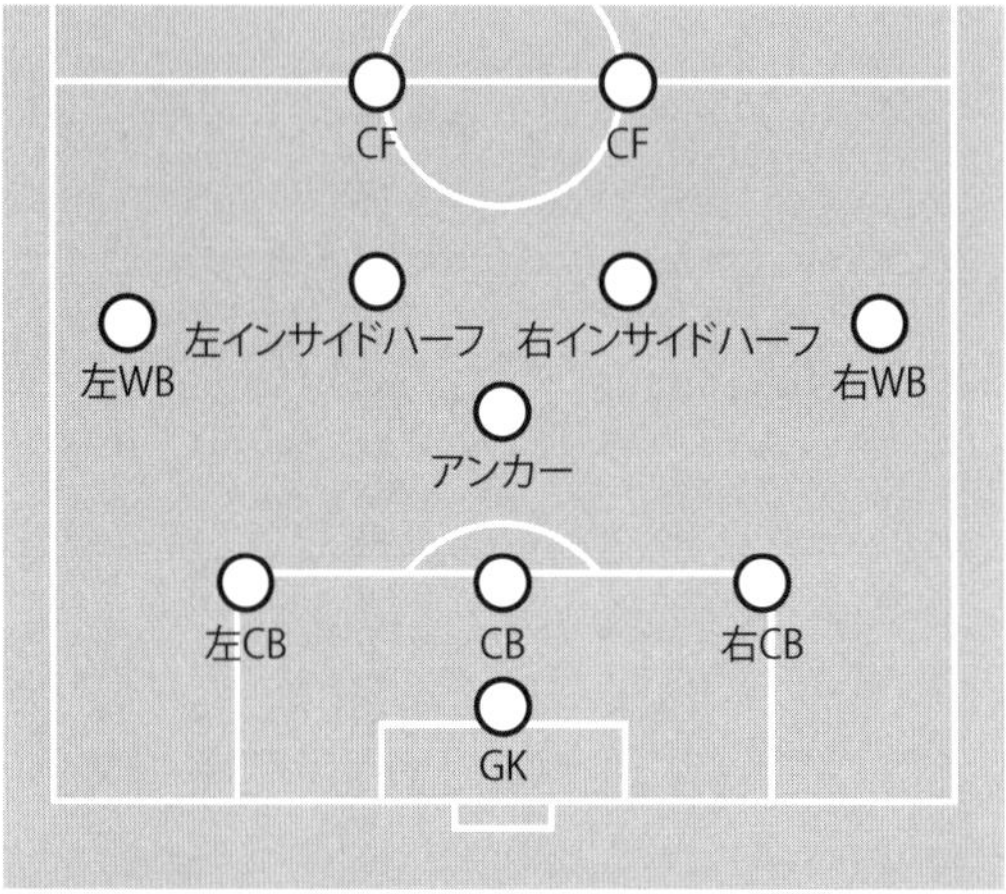

3—1—4—2

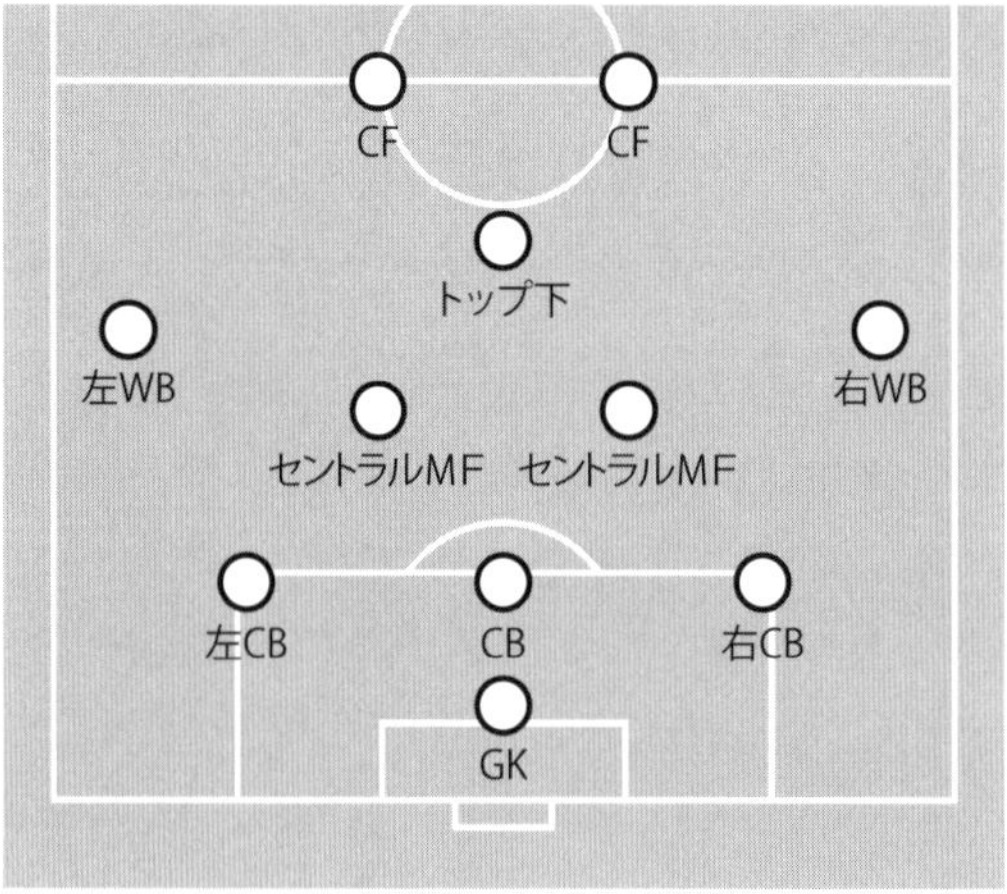

3—4—1—2

3―1―4―2と3―4―1―2は、中盤センターが逆三角形か三角形かという違いがあるだけで、基本的な考え方は共通しています。いずれも一括りに3―5―2と表記されがちですが、僕は解説の時により分かりやすいように3―1―4―2、3―4―1―2という表現を用いるようにしています。

3バックが増えた理由は3―4―2―1のところで説明した通りで、最近はとくに3―1―4―2のリバイバル・ブームが起こっています。こちらも中央ゾーンの密度が高いシステムなので、アンカーがボールを持った時にパスコースが多いのが大きな特長。一方で先ほど説明した通りWBの負担が大きく、さらにインサイドハーフも攻撃時は縦の飛び出し、守備時はフィルター機能の両方を求められるので、かなりの運動量が要求され、負荷が非常に高いです。

2023―2024シーズンはシモーネ・インザーギ監督のインテル、マッシミリアーノ・アッレーグリ監督のユベントス、ディエゴ・シメオネ監督のアトレティコ・マドリー、格上と対戦する時のブレントフォードなどが採用しています。

3―1―4―2・3―4―1―2の事例

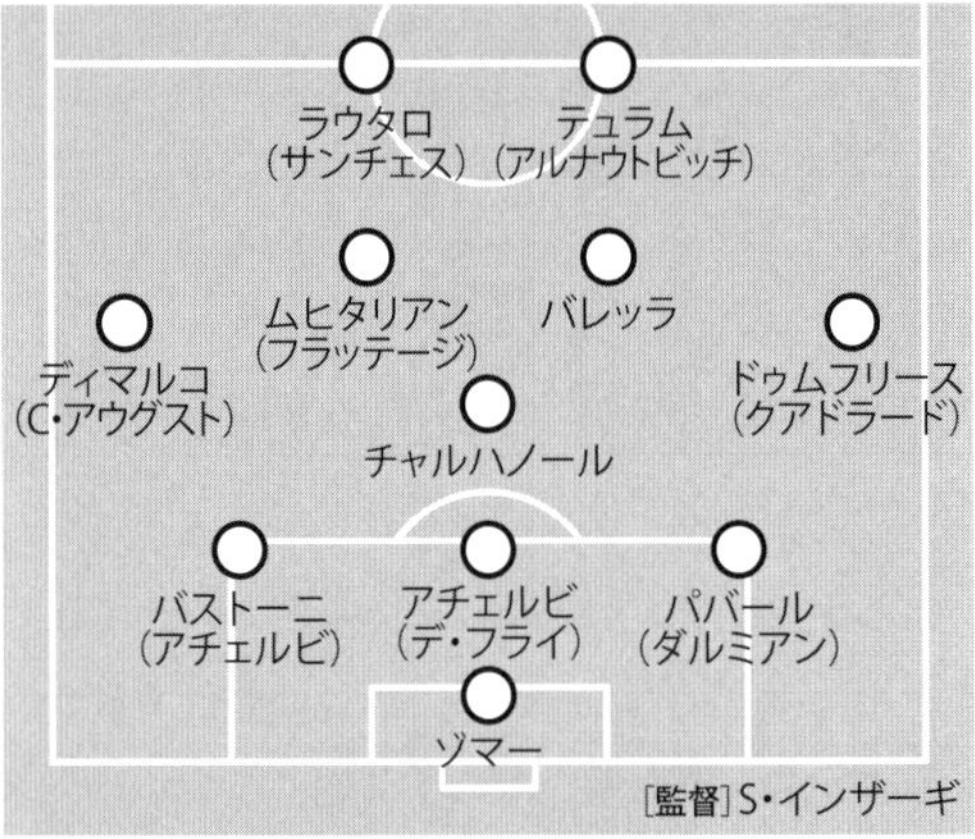

インテル（2023-2024シーズン）

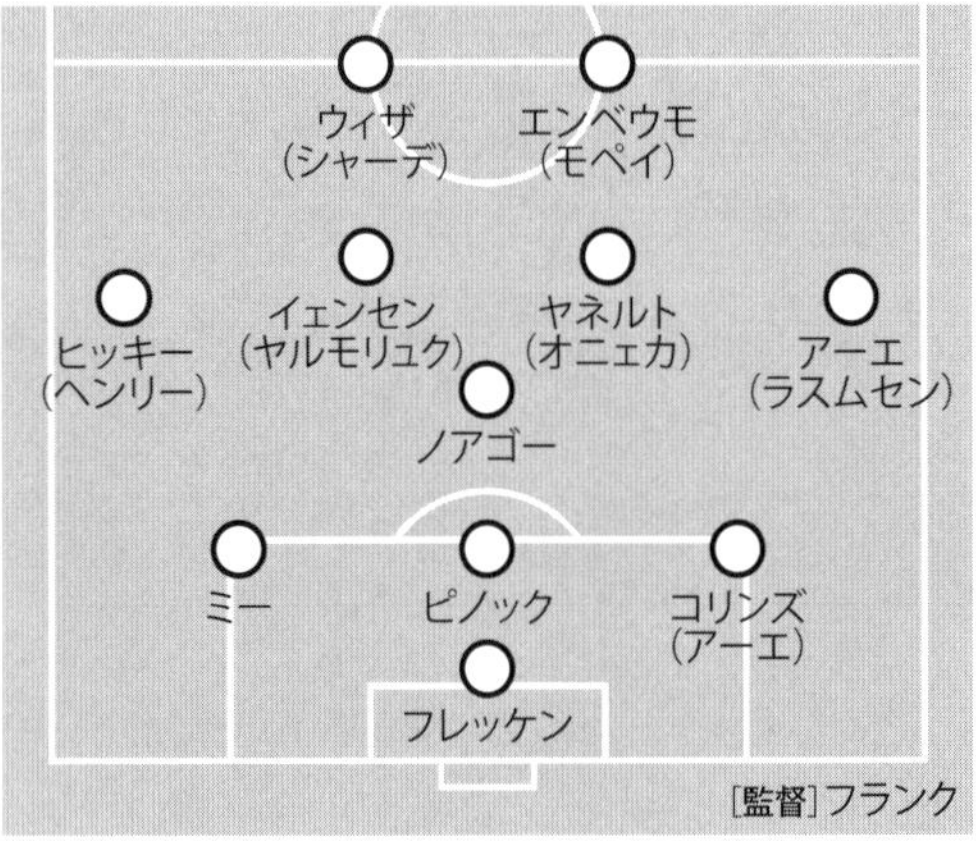

ブレントフォード（2023-2024シーズン）

とくにインテルのS・インザーギ監督はラツィオ時代（2016〜2021年）から、この3―1―4―2に強いこだわりを持っています。2023―2024シーズンのインテルも、両WBにデンゼル・ドゥムフリースとフェデリコ・ディマルコ、インサイドハーフにニコロ・バレッラとヘンリク・ムヒタリアンと鍵となるポジションに運動量と技術をバランス良く備えた好タレントを擁し、パワフルなサッカーを展開しています。3―1―4―2のお手本のようなチームに仕上がっているので、ご覧になったことのない方は是非ともインテルの試合を観てみてください。

また、2023―2024シーズンだとブレントフォードも非常に興味深いですね。中央ゾーンを締めて相手をサイドに追いやってボックス内でクロスを跳ね返す粘り強い守備から、フィジカルの強いブライアン・エンベウモとヨアン・ウィザに一気に展開して迫力のカウンター攻撃を仕掛けます。チェルシーに勝利し、トッテナム、アーセナル、マンチェスター・ユナイテッドとも好勝負を演じるなど、その機能性の高さは折り紙付きですよ。

もはや常識となっている可変システム

この章の最初にご説明した通り、ここまで紹介した4―4―2、4―2―3―1、4―3―3、4―3―1―2、3―4―2―1、3―1―4―2、3―4―1―2などはあくまでも初期配置。攻撃時（とくにビルドアップの局面）は可変も多い時代になっていますし、基本的には初期配置を維持する傾向が強い守備時も相手によっては立ち位置を変えるチームが増えています。

だから欧州トップレベルの試合を観る上で、初期配置からどう可変しているかは大きなポイントの一つ。SBがセントラルMFになったり、アンカーがCBになったり、ウイングがWBになったりと、選手たちは目まぐるしくポジションを変えます。とくにグアルディオラ監督のシティは4―2―3―1や4―3―3から、3―2―5や3―1―5―1にサッと移行しますね。その狙い（意図）や再現性を理解できると、サッカーをより楽しめること間違いなしです。

可変システムの最大のメリットは、攻撃時に選手の立ち位置が変わるので、守備側の基準点が曖昧になりプレスやマークを回避しやすくなること。当然、ボールを前に運びやすくなるわけです。

逆にデメリットは、初期配置から陣形を崩しているので、とりわけネガティブ・トランジション（攻→守の切り替え）の時にスペースを与えやすいこと。だから可変を取り入れているチームは素早いカウンタープレスが必須になります。さらにビルドアップ時もリスクと隣り合わせ。例えば攻撃時に右SBがセントラルMFに可変するチームが、そのポジション移行の際にボールロストし、右サイドのぽっかり空いたスペースを突かれてピンチを迎えるなどのケースも少なくありません。

僕も東大監督時代に可変システム（初期配置3―4―2―1→守備可変時4―4―2）で戦っていた時期もありましたが、このネガティブ・トランジション時の対応は常に悩みの種の一つでもありました。

つまり可変システムは、メリットとデメリットの両方を抱えたリスクの高い戦術なわけです。それでも欧州トップレベルでチャレンジしている監督がここ数年で一気に増えているのは、グアルディオラの成功とそれに伴う攻撃サッカー隆盛の流れによるものだと思います。自然とアグレッシブでゴールが多い試合が増えることになるので、サッカーを愛する全ての人にとって歓迎すべき流れですよね。

第5章　現代サッカーの名将たち

現代サッカー界を率いる名将たちは様々な志向性やアイデアを持っています。その特徴を知っておけば、観戦にまた一味違った面白みが出てくるはずです。この章ではみなさんに是非知っておいていただきたい監督たちを紹介していきたいと思います。

ジョゼップ・グアルディオラ

マンチェスター・シティ

頂点に達した後も進化を続ける名将

[生年月日] 1971年1月18日
[国籍] スペイン
[指導者としてのキャリア]
2007−2008　バルセロナB
2008−2012　バルセロナ
2013−2016　バイエルン
2016−　マンチェスター・シティ

写真＝shutterstock

斬新なアイデアに目を奪われる

言わずと知れた世界最高の名将です。僕が何よりも感嘆させられるのが、ペップ（グアルディオラの愛称）の飽くなき探究心と向上心。「ポジショナルプレー」をはじめ、「偽のCF」、「偽のSB」、さらには「偽のCB」など、新しい考え方を生み出したり、もともとあった戦術をモダンな形でアップデートしたりしているんです。

その斬新な数々のアイデアを選手に落とし込み、チームとして機能させている部分は、指導者目線でも解説者目線でもとても勉強になるし、非常に興味深いです。監督が選手に戦術を教え込み、実際の試合でチームを機能させることは、口で言うほど簡単なことではありません。ペップが提唱するような複雑かつ細かい戦術を、実績のあるトッププレーヤーが揃うメガクラブで実現するのは、尚更に難易度が上がります。にもかかわらず、バルセロナ（2008～2012年）、バイエルン（2013～2016年）、そしてマンチェスター・シティ（2016年～）のいずれでも斬新なチームを作り、それでいて申し分のない結果を残しているわけですから、文句のつけようがないですよね。アイデアを言語化する能力の高さ、そして選手たちの信頼を得るマネジメント能力の高さゆえだと思います。

ハーランド活用法もお見事

ペップのサッカーは、バルサ、バイエルン、シティと渡り歩くうちにリーグや手元の選手の特性に合わせて微妙に変化してきました。とはいえ、いわゆるポジショナルプレー志向のベースは基本的に不変。後方からの丁寧なビルドアップを核に、チーム全体をコンパクトな状態で押し上げてボールとスペースを圧倒的に支配する超攻撃的なサッカーです。ここ数年のシティを見ていると、攻撃面ではいわゆる「ポケット」(63頁の図参照)を突く動きが非常に重視されている印象です。ポケットを意識的にあえて空け、オフ・ザ・ボールの動きで選手が入り込んだと同時にボールを送り込み、そこからのクロスやショートパスでフィニッシュを作る形ですね。

2022―2023シーズン以降で典型的なパターンが、ケビン・デ・ブライネが右ポケットに入り込み、中央へのクロスをアーリング・ハーランドがフィニッシュする形。さらに、右ポケットからのクロスを左ポケットに侵入した選手が押し込む形（もしくは左右逆）もあります。守備側は身体の向きからすると、右ポケット→左ポケットのようにボールを動かされると防ぐのが非常に困難。構造的にとてもよく考えられた攻撃パターンだと思います。

その2022―2023シーズンは、ハーランドがシティに加入した1年目。ペップはこれまで、バルサでサミュエル・エトーやズラタン・イブラヒモビッチ、バイエルンでマリオ・マンジュキッチやロベルト・レバンドフスキ、シティでセルヒオ・アグエロやガブリエウ・ジェズスなどのストライカーと一緒に仕事をしてきましたが、ハーランドは彼らいずれとも個性が異なるCFです。だからペップがこの超逸材をどうやってチームに組み込むのか僕もすごく注目していたんですが、さすがの活用法を生み出しましたよね。具体的には、まずビルドアップへの貢献は最小限に。その上で常に裏を狙う動きを繰り返させて相手の最終ラインを押し下げて、敵の2ライン（DFとMF）間や最終ラインの間にスペースを作らせたんです。

つまり、ラスト30〜50メートルの局面でハーランドが斜めのランニングをし、そのまま彼がボールを受けてもいいし、相手を引っ張って空いたスペースにウイングやMFが走り込んでパスを受けてもいいし、という構造。だからこれまでペップが率いてきた中では、おそらく最もダイレクトかつダイナミックなチームに仕上がりました。ハーランドがダイアゴナルラン（斜めのランニング）をした際、周りの選手がそれに合わせる形で動いているので、シティの試合を観る際は是非とも注目してみてください。ハーランドはビルドアップの仕事を最小限にし、オフ・ザ・ボールの動きで持ち前のスピードを活かす――。このアイデアをチーム全体で共有し、ハイレベルに機能させたペップの手腕は、さすがでしたね。

ここまでお話ししてきた通り、ペップは自らのスタイルに絶対的な自信を持ち、選手の特徴に応じた戦術的な微調整能力も抜群です。だから常に能動的なイメージがあるかと思いますが、実は相手の研究・対策も非常に入念で、受動的な部分も持ち合わせています。バルサ時代の2009年にリオネル・メッシを初めて「偽の9番」に置いたのも、次の対戦相手のレアル・マドリーを研究していた際に敵最終ラインの弱点を見つけ、そこを突くために採用したと言われています。

ちなみに、本来はウイングやトップ下の選手をCFに起用し、初期配置からポジションを下げさせてビルドアップや崩しの局面にも関与させる「偽の9番」は、「メッシが元祖でペップが発明したもの」と言われがちですが、実はこの風説は誤りです。1950〜1960年代のアルフレッド・ディ・ステファノ、1960〜1970年代のヨハン・クライフも実質的に「偽の9番」だったと言われていますし、2000年代に入って以降でも2005―2006シーズンにルチャーノ・スパレッティ監督時代のローマでフランチェスコ・トッティがこのポジションで起用されていました。ペップもその歴史や特長をもちろん知っていたはずです。

自分たちの哲学＋相手の戦い方

話を戻すと、ペップは「サッカーは相手がいるスポーツであり、試合に勝つにはその研究と対策は必須」という考え方の持ち主です。２０２３年8月のアーセナル戦（ＦＡコミュニティーシールド）でも、相手のプレス陣形に合わせる格好で、ビルドアップ時の後方配置を普段の３ＣＢ＋２ボランチから４バックに近い形にしていました。このあたりの対応策は非常に緻密かつ的確ですね。自分たちのフィロソフィー＋相手に応じた対策が絶妙にミックスされていて、システムも４―３―３、４―２―３―１、３―２―５、４―４―２、４―２―４などを自分たちの状態、相手の特徴、試合の状況などに応じて使い分けます。とくに今のシティは本当に目まぐるしく配置が変わっていくし、しかもそれぞれに狙いや意図が見えるので、試合を観ていてもとても面白いですね。

ペップの相手の研究と対策に対する熱心さは、守備の局面でも見て取れます。彼が率いるチームは常にスペクタクルなので攻撃にフォーカスされがちですが、実は守備の局面もすごく緻密。バルサ時代には、「5秒ルール（ボールロストから5秒間は全員が全力でプレッシングを行う戦術）」を導入したことがよく知られています。

今のシティもとくにハイプレス、カウンタープレスはいずれもハイクオリティー。ポゼッションで相手を押し込んでいる際も、全体の配置のバランスが非常に良いので、カウンタープレスがかかりやすいんです。仮にファーストプレスが剝がされたとしても、チームとしてリスク管理と常に予防的カバーリング（プレーの流れによって生じるスペースを予測して埋めること）がしっかりできているので、どこかで奪回できるスキームが作られている。だから2次攻撃、3次攻撃ができるし、ほぼ敵陣だけでプレーできるわけです。

アイデア、攻守両面の戦術的な立て付け、そして相手に応じた柔軟性。間違いなくペップは「世界最高の名将」に相応しい監督で、これからも長くサッカー界を牽引していく存在だと思います。ちなみに、いまシティで助監督を務めているのが、ペップが師匠と仰ぐファン・マヌエル・リージョ。２０１８〜２０１９年にヴィッセル神戸で監督を務めていたので、日本のサッカーファンの方にも馴染みがあるはずです。シティの試合中継では、ペップがリージョと熱く話し込んでいるシーンがたまに抜かれるので、是非とも注目してみてください。

ユルゲン・クロップ

リバプール

ゲーゲンプレスを独自に進化させる

【生年月日】1967年6月16日
【国籍】ドイツ
【指導者としてのキャリア】
2001－2008　マインツ
2008－2015　ドルトムント
2015－　リバプール

即時奪回→即時攻撃を徹底

ペップとはまた違ったスタイルでサッカーを革新した名将です。ドルトムント時代（2008〜2015年）、そして2015年から率いるリバプールで共通するのが、縦の速さを何よりも重視していること。「ボールを奪ったらとにかくゴール方向へ」という意識が徹底されています。実際、チャンピオンズリーグとプレミアリーグを制覇した2018〜2020年頃のリバプール最盛期は、「ゴールに最短・最速で向かうチーム」でしたね。右にモハメド・サラー、左にサディオ・マネ（現アル・ナスル）という快速ウイングを置き、奪ったボールを彼らに素早く渡して瞬く間にフィニッシュに持ち込んでいました。

クロップはボール保持によるスペースとゲームの支配を重視するペップと、基本的に異なる思想の持ち主と言えます。より分かりやすく言うと、ボール奪取に成功した際、ペップのチームはまずポゼッション確立を重視しますが、クロップのチームはまず縦方向にボールを運び、できるだけ素早くゴールを目指します。しかも彼のリバプールは、左右のアウトサイドレーンを経由せずに、中央3レーンだけでフィニッシュに持っていけるスキームを作り上げています。

この超ハイインテンシティーのスタイルで肝になり、いわばクロップの代名詞となっているのが「ゲーゲンプレス」（カウンタープレスのドイツ語）です。ネガティブ・トランジション（攻→守の切り替え）の瞬間から、敵ボールホルダーに連動してプレスをかけて、即時奪回を目指すことを意味します。ペップをはじめ今や世界中の監督たちが採用している戦術ですが、中でもクロップのリバプールはとくに猛烈。相手ボールホルダーのサイドに人を固めて圧縮し、ドリブルもパスもできない状態に追い込み、瞬く間にボールを奪い切ってしまいます。例えば相手の左SBがボールホルダーなら、まずボールロストした直後の右ウイング、続いてCF、右インサイドハーフ、さらには右SBといった具合に次々にプレッシャーをかけて囲い込むわけです。当然、敵1人に対して人数をかけているので、どこかのゾーンで必ず数的不利になるわけですが、「リスク承知で割り切ってこのゾーンで取り切ることを目指す」のがクロップのゲーゲンプレスです。

ペップのチームを何度も破る

その強度が最大まで高まるのが、相手ゾーンの深い位置。なぜなら前記した通り、ボールを奪った後は素早くフィニッシュに持ち込むスタイルのため、例えばセンターサークル付近よりも、敵陣ペナルティーエリアのほうがゴールまでの距離が近く、より短時間で攻撃できるからです。この思想についてクロップは、「ゲーゲンプレスは、相手ゴールに近いところでボールを奪い返すことができる。その後にたった1本のパスで素晴らしいチャンスに繋げられるんだ。世界中のどんなプレーメーカーも、良いゲーゲンプレスほど多くのチャンスは生み出せない」と語っています。

実際、ゲーゲンプレスが機能している時のリバプールは本当に強いです。とりわけペップ・シティのようにボール保持を重視するチームは、苦しい局面でもアバウトなロングボールをほとんど蹴らずしっかり繋ごうとしてくるので、クロップ・リバプールのゲーゲンプレスがとくに効くんですよね。ドイツ時代からクロップのチームがペップのチームを何度も破っているのは、まさにそれゆえなんです。

僕はペップとクロップのいわばライバル関係が、すごく好きなんですよね。異なるスタイルを持っているのに、お互いをリスペクトし、お互いから学ぼうとしているからです。クロップが「ペップは世界最高の監督だ。彼が率いるチームとの対戦はいつも楽しいし、いつだって興味深い。本当に彼が率いるチームとの試合を愛している」と語れば、ペップも「クロップのチームが私を進歩させたんだ。彼が私をもう一つ上のレベルに引き上げてくれた。クロップとの切磋琢磨こそがまだ監督を続ける理由だ」と言って憚りません。この２人は試合後に熱い抱擁を交わすので、そのシーンは中継映像でも必見です。

クロップの中継映像だと、その言動も必見。良いプレーをしたら全力で拍手をしたり、ダッシュで自軍サポーターの前に行って身体いっぱいを使って煽ったり、とにかくエモーショナルなんですよね。２０２０～２０２２年にリバプールに所属していた南野拓実（現モナコ）は、「クロップは一緒に戦ってくれる監督。試合前のミーティングでは僕らを奮い立たせてくれる。変な言い方をすると、演じているというか、みんなを熱くするために演技に入っている。あそこまでエモーショナルで、周りも巻き込んでいける監督は、たぶん世界的に見てもあんまりいない」とコメントしていました。

運動量、柔軟性、ハイライン

話をゲーゲンプレスに戻すと、とにかくインテンシティーが求められますし、とにかく消耗度が高い戦術です。だから2022―2023シーズンがプレミアリーグで5位、チャンピオンズリーグでベスト16敗退と近年ワーストの成績に終わったのは、攻守両面で貢献度が高かったマネの退団、そして中盤の強度低下の影響をモロに受けて、チーム全体のインテンシティーが下がったからだと見ています。迎えた2023―2024シーズンは、中盤にドミニク・ソボスライ、アレクシス・マクアリスター、ライアン・フラーフェンベルフ、そして遠藤航などを獲得。この補強でチームのインテンシティーが最盛期レベルまで蘇るのか否か、個人的にはすごく注目している部分ですね。

ちなみに、ここ2シーズンのクロップは、ビルドアップ時に右SBのトレント・アレクサンダー＝アーノルドを2ボランチの一角に入れ、初期配置4―3―3から

3―2―5に移行する可変システムも取り入れ始めています。アレクサンダー＝アーノルドはMFに求められる要素を十分に持っているため「偽のSB」はピッタリの役割で、とくにパスは精度も飛距離も世界最高レベル。その持ち味を以前のアウトサイドレーンではなく、中央3レーンで活かそうというアイデアは、非常に面白いですね。最近のクロップは、試合に応じてこうして配置を変化させるし、縦に速い攻撃のみならずポゼッションによるボール支配にも挑戦中。戦術的な柔軟性がますます広がっている印象ですね。

リバプールを観る際のもう一つのポイントは、最終ラインの高さです。ここ10年ほどの欧州トップレベルではハイラインが当たり前になっているものの、クロップ・リバプールは初見だとおそらくビックリするレベル。DFの背後にはもちろん広大なスペースが広がっています。この超ハイラインのメリットは陣形全体がコンパクトになるので十八番のゲーゲンプレスがかかりやすいこと、一方でデメリットは相手ボールホルダーにプレッシャーがかかっていないと裏のスペースを簡単に突かれてしまうこと。状況にかかわらず最終ラインは常に高い位置をキープする思想と勇気は賞賛に値しますが、やはりゲーゲンプレスが機能していないと何度も裏のスペースにボールを送り込まれて、苦しい試合になりがちです。「クロップ・リバプールはゲーゲンプレスとハイラインが成否の鍵」だと覚えておいてください。

ちなみに、クロップといえば、日本人プレーヤーとの仕事が多い監督としても有名ですよね。ドルトムントでは香川真司（現セレッソ大阪）、リバプールでは南野、そして遠藤をチームに迎え入れてきました。日本人選手は世界的に見るとスタミナ豊富で献身的、かつ戦術面の理解力や遂行能力が高いので、「ゲーゲンプレスからの速攻」という明確な形を持つクロップのサッカーに合いやすいことが、その大きな理由の一つだと思います。南野はリバプールであまり出番を得られませんでしたが、それでもクロップに「タキのゲーゲンプレスは素晴らしい」と何度も褒められていました。つまり戦術的に好みの選手ではあったわけです。今後もクロップのチームで日本人選手がプレーする可能性は十二分にあると思うので、楽しみですね。

ミケル・アルテタ

アーセナル

アーセナルの再建を託された若手監督

【生年月日】1982年3月26日
【国籍】スペイン
【指導者としてのキャリア】
2016－2019　マンチェスター・シティ（コーチ）
2019－　アーセナル

ペップの直弟子がアーセナルに帰還

アルテタはバルセロナのカンテラ（下部組織）出身で、しかも現役引退直後の2016年からマンチェスター・シティでペップのアシスタントとして指導者キャリアをスタート。いわばペップの直弟子だけあって、攻撃はポゼッションによるボール支配とウイングの突破力、守備はハイプレスを重視するなど、〝アクションのサッカー〟を志向します。

アルテタが2011年から2016年まで所属し、最後はキャプテンも務めた古巣アーセナルに監督として帰還したのが2019年12月でした。いずれアーセナル指揮官になるとは言われていましたが、当時の指導者キャリアはシティ・コーチとしての2年半だけで、さらに監督経験はまったく無し。当初は手腕を不安視する声も聞かれましたが、2018年に名将アーセン・ヴェンゲルが勇退してから期待を裏切り続けてきたアーセナルを、徐々に選手を入れ替えながら少しずつ復権へと導いていきました。

SBの動きが興味深い可変システム

アルテタ・アーセナルの攻撃はボール支配によるポゼッションが基本。中でもビルドアップはきっちり組織化されていて、GKとCBを起点に丁寧なパスを繋ぎながら、相手守備陣のギャップを突いてきます。一方でブカヨ・サカ、ガブリエウ・

マルティネッリという快速ウイングを擁している関係もあって、素早く縦を突くカウンターもパターンとして持っています。今のチームはポゼッションとカウンターを使い分けている時ほど上手く回っている印象がありますね。

さらに、ここ数シーズンのアルテタは、偽のＳＢを活用した可変システムも積極的に採用。初期配置の４―３―３が攻撃時に３―２―５などに変わったりする形です。鍵になっているのはＳＢ。ＳＢのオレクサンドル・ジンチェンコや冨安健洋をボランチの位置まで上げることで、配置の入れ替えを可能にしているんです。さらに２０２３―２０２４シーズンは、本来ボランチのトーマス・パーティを守備時に右ＳＢ、攻撃時にアンカーとして振る舞わせる新機軸も導入しています。

アルテタ・アーセナルの可変は、ＳＢの動きによって攻撃時のメカニズムが変わります。例えば、ジンチェンコや冨安、トーマスを中盤に上げるパターンもあれば、ベン・ホワイトや冨安が３バックの一角に入るパターンもあります。アーセナルの試合を観る時は、是非ともSBのポジショニングに注目してみてください。その日に採用している可変や狙いが理解しやすいはずです。

守備戦術の構築能力も高い

システムや起用法の部分だと、2023年夏にクラブ史上最高額の1億ポンド（約186億円）で獲得したデクラン・ライスの活用法は要注目です。開幕当初のアルテタ監督はインサイドハーフとアンカーで使っていましたが、中盤戦以降はアンカーでほぼ固定。戦術で縛るよりも、ある程度の自由を与えたほうが輝けるライスを、チームにどう組み込み、どう活かしていくかは必見ですね。

今のアーセナルは、攻撃のみならず守備もしっかり整備されています。とくに敵陣でボールを失った際のカウンタープレスは必見。素早いトランジションから複数人でプレスを掛けて即時奪回を狙います。また、相手のビルドアップによってプレッシングのやり方も変化。4—3—3から4—4—2に可変してのハイプレスが基本ながら、右ウイングが相手ＣＢに外切りでプレスし、右ＳＢを高い位置まで押し上げて相手左ＳＢに当てる左右非対称の４―３―３陣形でプレッシングするケースもあります。アルテタは守備戦術の構築能力も非常に高いですね。

２０２２―２０２３シーズンのアルテタ・アーセナルは終盤戦の失速で惜しくもプレミアリーグ優勝を逃しましたが、２０２３―２０２４シーズンは悲願達成できるか。必見ですね。

ロベルト・デ・ゼルビ

ブライトン

ペップも大絶賛
超攻撃サッカーを貫く
注目の新進気鋭

【生年月日】1979年6月6日
【国籍】イタリア
【指導者としてのキャリア】
2013―2014 ダルフォ・ボアーリオ
2014―2016 フォッジャ
2016 パレルモ
2017―2018 ベネベント
2018―2021 サッスオーロ
2021―2022 シャフタール
2022― ブライトン

写真＝shutterstock

観る者を魅了する〝イタリアのペップ〟

デ・ゼルビはいま欧州サッカーで最も注目されている若手監督の1人。現在はブライトンで三笘薫を指導しているので日本でも有名になりましたが、あのペップが「デ・ゼルビは過去20年間で、最も影響力のある監督の1人だろう。彼のチームのようなプレーを見せるチームは他にない。まさに唯一無二の存在だ」と大絶賛するほどの新進気鋭なんです。

34歳で現役引退してすぐに指導者に転身し、アマチュアクラブ、セリエC（3部リーグ）のフォッジャ、セリエAのパレルモとベネベントを指揮。いわゆるポジショナルプレーを主体としたその斬新かつ攻撃的なサッカーは大きな話題となり、いつしか「イタリアのペップ」の愛称が付いたそうです。実際にデ・ゼルビ本人も、「私はグアルディオラがいたから監督になったんだ。彼が指揮した時代のバルセロナが大好きだったし、あのチームを研究して監督になった。誰かを真似することは好きではないが、ずっと彼から学んできた」と影響の大きさを認めています。

僕がデ・ゼルビのサッカーに惚れ込んだのは、サッスオーロ時代（2018〜2021年）。GKを完全に組み込んだ最終ラインからのビルドアップを主体に、右ウイングのドメニコ・ベラルディや左ウイングのジェレミー・ボガ（現ニース）を活かした超攻撃的スタイルは、結果至上主義ゆえ守備的サッカーが幅を利かせるセリエAのチームとは思えないほど魅力的でした。4―2―3―1、4―3―3、3―4―2―1を試合や状況によって使い分ける柔軟性にも、大きな可能性を感じたことをよく覚えています。

ポゼッションから生み出す「疑似カウンター」

シャフタール・ドネツクを経て、2022年9月から指揮を執るブライトンでもその超攻撃的スタイルは不変。中でも注目してもらいたいのが、ペップが「ビルドアップ面においてブライトンは世界最高のチームだ。GKからボールを繋いでファイナルサードに運ぶプロセスにおいて、いまブライトンに勝るチームはない」と激賞するビルドアップです。

デ・ゼルビのブライトンは、組み立てにおける構造がとにかく明確で、立ち位置を含めて非常に特徴的。流れとしてはまず、GKも含めた最終ラインでポゼッションを確立し、2CBが前を向ける状況を作ります。その際に2セントラルMFが近くに寄って相手のプレスを引きつけ、両ハーフスペースに下がってくるトップ下とCFへのパスコースを提供。ボールを持つCBかセントラルMFは、トップ下とCFのいずれかに縦パスを通し、そこから大外レーンを保持する両ウイング、大外とインサイドのレーンで流動的に動く両SBと連携しながら、一気に敵陣で攻撃を加速させます。

つまり、ポゼッションによる遅攻ながら相手を引きつけて一気に敵陣で加速する、いわば〝疑似カウンター〟のような状況を意図的に作り出しているわけです。このパターンに対するデ・ゼルビのこだわりは相当のもので、現在のブライトンは少しでも動きのメカニズムがズレたり、相手のプレスがはまりそうになったりすると、ボールを最後方のGKに戻して何度でもビルドアップをやり直します。ブライトンの試合を観ていると、「なぜあんなにボールを後ろに戻すんだろう？」と思う方もいるかもしれないですが、あれは完全にデ・ゼルビのこだわりなんです。

しかも、相手がマンチェスター・シティ、アーセナル、リバプールなどメガクラブが相手でも、デ・ゼルビのブライトンは絶対に戦い方を変えません。タレント力の差を考えれば、ある程度は守備重視になっても不思議はない試合でも、まったく恐れずに守備はハイプレス&ハイラインによる即時奪回、攻撃はボール支配&疑似カウンターという、自分たちのスタイルを貫くんです。「まずは選手にサッカーを楽しんでほしい。私自身もサッカーを楽しんでいるしね」という言葉が彼の考え方を如実に物語っていると思いますし、だからこそ今のブライトンは観ている我々もすごく楽しめるわけですよね。

狙いと約束事を徹底して再現性を追求

この考え方も含めて僕は、デ・ゼルビ率いるブライトンのいわゆる〝再現性〟の傑出した高さにも感心させられます。この再現性は、年間数十試合を戦うクラブチームにとってとりわけ大事な部分。狙いや約束事がしっかりしていれば、勝敗にかかわらずチームのポジティブな要素もネガティブな要素も分析しやすいですし、次の試合に向けた糧にできるからです。

攻撃はビルドアップのみならず、仕掛け・崩しに関しても再現性が抜群です。例えば三笘が左大外レーンでボールを持って前を向いたシーンでは、左ＳＢのペルビス・エストゥピニャンがアンダーラップしてくる、逆サイドのソリー・マーチがクロスに反応するために中に絞ってくる、トップ下がオフ・ザ・ボールの動きでスペースを空ける、そしてセントラルＭＦが斜め後方に位置してパスの逃げ道になる、などの約束事が徹底されていることが分かります。そうした明確なメカニズム、周囲の様々な動きがあるからこそ、三笘のドリブル突破が活きているわけですね。

こうした勇気ある革命的なサッカーを機能させ、就任からわずか８か月でブライトンをクラブ史上初の欧州カップ戦出場（ヨーロッパリーグ）に導くなど結果も残すデ・ゼルビは、遠からず間違いなくメガクラブに引き抜かれることになるでしょう。サッスオーロとブライトンは基本的に若くて伸びしろの大きい選手を獲得してチームを作るクラブで、だからこそ彼の斬新なスタイルを選手が素早く吸収・消化できた部分もあると思います。これまでとは違い、スーパースターだらけのメガクラブを率いた際にデ・ゼルビがどんなサッカーを見せてくれるのか、今から興味は尽きないですね。

カルロ・アンチェロッティ

レアル・マドリー

「選手ありき」で戦術を組み立てるバランス型の名将

【生年月日】1959年6月10日
【国籍】イタリア
【指導者としてのキャリア】
1995-1996　レッジャーナ
1996-1998　パルマ
1999-2001　ユベントス
2001-2009　ミラン
2009-2011　チェルシー
2011-2013　パリ・サンジェルマン
2013-2015　レアル・マドリー
2016-2017　バイエルン
2018-2019　ナポリ
2019-2021　エバートン
2021-　レアル・マドリー

チームの状況に応じて戦術を練り上げる

バランス型監督の究極系とも言える存在が、アンチェロッティです。「自分のプレーモデルはこれだ」という強い〝尖り〟を持つペップやクロップとは違い、「選手を最大限に活かせる戦術を作る」という考え方を持っています。システムや攻守の狙いなど戦術的な部分は、チームにいる選手、戦う相手、そしてその時の状況に応じて柔軟に変化。料理人にたとえれば、食材に応じてイタリアンも、中華も、フレンチも、和食も美味しく作れるタイプですね。

アンチェロッティはもともと、名将アリーゴ・サッキの直弟子。このサッキは1980年代後半から1990年代前半に率いたミランで4―4―2のプレッシングスタイルでサッカー界に革命を起こしたレジェンドで、だからアンチェロッティも監督キャリア当初は4―4―2に強くこだわっていたそうです。でも、ユベントス時代（1999～2001年）に、自身の4―4―2にジネディーヌ・ジダンがハマらなかったため、3―4―1―2を使い始めたことで、考え方が180度変わったそうです。本人は当時を次のように振り返っています。

「監督を始めた時の私は明確な考えを持っていて、選手に適応しようとしなかった。だからパルマ時代には、（獲得に迫った）ロベルト・バッジョがプレーメーカーとしての役割を望んでいたけど、自分のシステムを変えなかった。それで彼は他のチームに行ってしまったよ。私は間違っていた。ユベントスでジダンと一緒に仕事をして、選手に合わせるほうが正しいと理解し始めた。チームというのは、選手が心地よくプレーできなければならない。私は適応したし、今も適応している」

その後、アンチェロッティはミラン（２００１〜２００９年）、チェルシー（２００９〜２０１１年）、パリ・サンジェルマン（２０１１〜２０１３年）、レアル・マドリー（２０１３〜２０１５年、２０２１年〜）、バイエルン（２０１６〜２０１７年）とメガクラブを指揮。ただ、いずれもオーナーや強化担当者の力が強く、チーム編成に関する監督の権限が小さいクラブばかりだったんです。

つまりアンチェロッティは、好みの選手ばかりを獲得してもらえるクラブを指揮してきたわけではありません。それでも彼は状況に応じて戦術を作り上げてチームを形にし、結果を出し続けてきました。何しろ欧州５大リーグ（プレミアリーグ、ラ・リーガ、セリエA、ブンデスリーガ、リーグ・アン）を全て制覇した史上唯一の監督であり、チャンピオンズリーグ制覇4回も史上最多ですからね。とてつもない記録ですよ。

ベリンガムのコンバートも大成功

2021年に復帰したマドリーでも、傑出した柔軟性は相変わらずです。最初の2シーズンは4―3―3を軸に戦っていましたが、2023年夏にCFのカリム・ベンゼマが退団。クラブにその後釜となるような大物ストライカーを獲得してもらえない中、アンチェロッティはシステムを4―3―1―2に変更し、トップ下にはインサイドハーフとして育ってきたジュード・ベリンガムを抜擢しました。しかもその新加入MFが、期待通りに開幕からゴールを量産(23年12月31日現在で公式戦21試合・17ゴール)。ベンゼマが抜けた大きな穴を、システム変更とベリンガムのコンバートによる攻撃メカニズムの変更で埋めたわけです。

新生マドリーの4―3―1―2は、中盤と前線がかなりフレキシブルですね。中盤はダイヤモンド型が基本ですが、トニ・クロースが左インサイドハーフに入る際は彼がボランチに近い立ち位置になってボックス型のような形になるし、必然的にベリンガムが左に流れてくるケースが多くなります。前線もヴィニシウス・ジュニオールとロドリゴは本来ウイングだけにサイドに流れ、その空いた中央のスペースにベリンガムが飛び込むパターンがしっかり確立されているんです。アンチェロッティのバランス調整力はさすがだなと思います、本当に。

ベリンガムの例を見ても分かる通り、アンチェロッティは選手をコンバートしたり、複数のポジションで機能させたりするのが本当に上手い。ミラン時代にアンドレア・ピルロをトップ下からアンカーに抜擢して世界的な司令塔に育て上げた話は有名ですし、ここ数年のマドリーでもフェデリコ・バルベルデをインサイドハーフと右ウイング、エドアルド・カマビンガをインサイドハーフと左SBで使い分けています。

戦術的柔軟性の高いアンチェロッティのような監督は、マドリーのように会長主導で世界屈指のタレントをかき集めてくるクラブにとっていわば理想的。ペップやクロップと比べると派手さはありませんが、間違いなく世界屈指の名将の1人だと僕は思っています。

ディエゴ・シメオネ

アトレティコ・マドリー

闘争心とハードワークを何よりも重視

【生年月日】1970年4月28日
【国籍】アルゼンチン
【指導者としてのキャリア】
2006　ラシン・クラブ
2006−2007　エストゥディアンテス
2007−2008　リーベル
2009−2010　サン・ロレンソ
2011　カターニャ
2011　ラシン・クラブ
2011−　アトレティコ・マドリー

「チームのために血と汗を流して闘う」

シメオネは系統的にモウリーニョと同じですね。現実路線の堅守速攻スタイルを志向します。2011年12月から指揮するアトレティコ・マドリーではなんと13シーズン目を迎えており、最近の欧州ビッグクラブでは例を見ない長期政権を築いていますね。

シメオネはアトレティコでオーソドックスな4—4—2を長く使っていましたが、ここ3シーズンほどで3—1—4—2も使い始め、2023—2024シーズンはこのシステムが完全な基本型になっています。ただ、いずれにしても選手に何よりも求めるのはハードワークや闘争心。「チームのために血と汗を流して闘う」が基本コンセプトであり、アタッカーたちにも攻守両面で高いインテンシティーを求めますね。

だから、本来は技術とセンスを武器としたアタッカーであるアントワーヌ・グリーズマンも、シメオネの下ではプレッシングやオフ・ザ・ボールの動きなど、とにかく汗をかいてチームに貢献します。シメオネ・アトレティコのFWはとにかく走りますし、だからカウンターも非常に鋭いわけです。

一方で、シメオネは自身の哲学にハマらない選手を容赦なくチームから外します。

最近の典型例はジョアン・フェリックス。欧州の若手アタッカーでは屈指のテクニックと創造性を持つと謳われるタレントですが、アトレティコではなかなかチームスタイルに馴染めず、2023年1月にチェルシー、そして同年9月からはバルセロナへレンタル移籍しています。ただ、2023—2024シーズンのフェリックスはバルサで水を得た魚のように躍動。監督の志向性と選手のタイプという相性が、どれだけ大事かよく分かるケースですよね。

守備ブロックは欧州屈指の強固さ

シメオネ・アトレティコで注目すべき点はやはり守備。相手ボールホルダーへの寄せは90分間を通じて全力で遂行しますし、素早い帰陣からの守備ブロックも欧州屈指の強固さを誇ります。シメオネが試合中に出す指示も大半がプレスやカバーリングなどディフェンスに関することで、こだわりの強さが見て取れますね。怖い顔でめちゃくちゃ怒鳴っているので、是非ともチェックしてみてください（笑）。

シメオネはとにかく勝利への執着心が強く、モウリーニョと同じく「勝つためなら手段を選ばない」タイプです。2022年4月のマンチェスター・シティ戦（チャンピオンズリーグ準々決勝ファーストレグ）では、守備時になんと5―5―0システムを採用。最終ライン5人＋中盤5人による2ラインでスペースを完全に封じて、シティ攻撃陣を迎え撃ったんです。

「プロ監督」としての矜持と哲学

この戦い方に関しては当然、「前時代的なアンチフットボール」という声がメディアやファンから噴出しました。確かに、内容を度外視した極端すぎる超守備的戦術ではありました。しかし、シメオネはとにかく勝利を何よりも目的の最上位に置くタイプであり、そこから逆算した上で最適だと思った戦い方を選んだにすぎないと僕は思います。実際、シメオネは「外部からの評価について、私は意見を言わない。考え方は人それぞれで、全てに敬意を払うべきだ。私は謙虚な気持ちで仕事に取り組むだけだ。アトレティコ・マドリーのために」とまったく意に介していませんでした。

冷静な目で見れば、アトレティコの総合的な戦力はシティに及ばないし、それはラ・リーガで優勝を争うバルセロナやレアル・マドリーに対しても長年同様でした。そんな中でシメオネは、自身の哲学に忠実で強力なチームを常に作り上げてきました。そして、ラ・リーガでは二度の優勝を果たし、しかも2012―2013シーズンから12年連続で常に3位以内をキープ。チャンピオンズリーグでも長く競争力を保ち続けています。ペップやアルテタとまったく違うタイプですが、シメオネはプロ監督という職業の一つのあり方を体現していると僕は思っています。

ジョゼ・モウリーニョ

前ローマ

臨機応変に戦う現代屈指の現実主義者

【生年月日】1963年1月26日
【国籍】ポルトガル
【指導者としてのキャリア】
1992－1993 スポルティング（コーチ）
1994－1996 ポルト（コーチ）
1996－2000 バルセロナ（コーチ）
2000 ベンフィカ
2001－2002 ウニオン・レイリア
2002－2004 ポルト
2004－2007 チェルシー
2008－2010 インテル
2010－2013 レアル・マドリー
2013－2015 チェルシー
2016－2018 マンチェスター・ユナイテッド
2019－2021 トッテナム
2021－2024 ローマ

理想より結果に主眼を置く

モウリーニョはすでに60歳。40代のアルテタやデ・ゼルビ、50代になったばかりのペップなど攻撃的思想が強い新世代の監督たちとは、チームビルディングから試合へのアプローチまで考え方が根本的に違います。一言で言えば「現実路線」であり、理想よりも結果を何より重視します。

奇跡のチャンピオンズリーグ優勝を成し遂げたポルト時代（2002〜2004年）、そしてチェルシー第1次政権（2004〜2007年）までは攻撃的な思想も持っている印象でした。ただ、インテル時代（2008〜2010年）やレアル・マドリー時代（2010〜2013年）に、より現実的な路線に切り替わっていった感じですかね。自分たちの戦力を現実的に考えて戦術を構築し、その上で相手に応じて配置やスタイルを変えていくんです。

その思想は、2021年夏から率いたローマでも同様でした。当初はここ数年の代名詞だった4―2―3―1でスタートしていましたが、1年目の途中に3―4―2―1に切り替え、さらに2023―2024シーズンは3―4―2―1と3―1―4―2を併用。パウロ・ディバラ、ロメル・ルカクというチーム最大のタレントを活かすための配置や役割、そして相手のスタイルに応じてシステムを臨機応変に変えて戦っていました。

局面的な優位性を活かす

ローマでも基本は堅守速攻を志向。相手の強みを消し、弱みを徹底的に突いていきます。例えば、相手の左SBが足下の技術に不安を持っていればそのゾーンだけプレス強度を高める、相手のCBが小柄なら大柄なルカクに徹底的にロングボールを当てる、など局面的な優位性を最大限に活かすんです。さらに先制したら陣形全体を下げてさらに守備的に振る舞わせるので、モウリーニョのサッカーを退屈だと思われるファンの方もいるでしょう。

しかし、「第一に目指すべきは勝利」という考え方は、プロスポーツの真理を突いてもいます。監督であれば誰でも「魅力的なスタイルで勝ちたい」と思うのは当然ですが、全てのチームが最高級の選手を揃えられるわけではありません。だからモウリーニョのように現実に即した戦術やスタイルを選ぶことは決して「悪」ではないと僕は思っています。何より僕の目標は「チームを勝たせられる監督」なので、モウリーニョからはたくさんの学びがあるし、彼のことはすごく尊敬しています。

実際、モウリーニョは「結果を出せる監督」なんです。キャリア通算で獲得したタイトルは実に26個で、さらにチャンピオンズリーグ、ヨーロッパリーグ、ヨーロッパカンファレンスリーグとUEFA3大コンペティションを全て制覇した史上唯一の指揮官でもあります（2023年時点）。とてつもないレコードですし、モウリーニョの優秀さを何よりも物語っていますよね。残念ながら2024年1月にローマから解任を言い渡されましたが、個人的には今後の動向が気になっています。

クールな外見とは違う情に厚い人

モウリーニョは強面《こわもて》で近寄りがたいイメージもあると思いますが、実はすごく優しくて人情味のある人でもあります。インテル退団時にマルコ・マテラッティ（元イタリア代表DF）と涙ながらに抱擁していたシーンは有名ですし、ローマでは若手FWのフェリックス・アフェナ＝ギャン（現クレモネーゼ）に「ゴールを決めた

憧れのモウリーニョ監督と著者。2022年11月28日撮影

らプレゼントする」という約束通り高級スニーカーを買ってあげたりもしていました。この人心掌握術の見事さは試合中にも随所で見て取れます。選手の肩を抱いて語りかけるシーンは、非常にエモーショナルなので、僕もグッときてしまいますね。

最後に、すでにお気づきの方も多いかと思いますが（笑）、僕は昔からずっとモウリーニョの大ファンなんです。メールアドレスの一部にも彼の名前を使っているほどです。だから2022年11月のローマ来日時に初めてお会いした時はすごく感動しましたし、撮影してもらったツーショット写真は一生の宝物になりました。モウリーニョは予想以上の凄まじいオーラでかっこよくて、選手たちが彼に心酔する理由がよく分かりましたね。

第6章　個人的に「推したい」選手と監督

月に約100試合も観ているると、本当に様々なタイプの選手に巡り合います。スーパースターの活躍にはもちろん心が躍りますが、世間的にまだ名が知られていない選手に出会えた時は、まるで宝物を探し当てたような感覚でテンションが非常に高まります。そして、そんな選手が活躍し、話題になるとさらに嬉しいですね。こうした経験もまた、サッカー観戦の醍醐味の一つだと思います。ここでは2023―2024シーズン前半戦を観て、僕が「推したく」なった選手と監督をみなさんにご紹介します。

ペドロ・ネト

ウォルバーハンプトン／ポルトガル代表

ネトはウォルバーハンプトンに加入した2019―2020シーズンから、僕が気に入っていたレフティーのウイングです。2021年4月に膝に大怪我を負って約1年間の戦線離脱を余儀なくされましたが、2023―2024シーズンはキレキレのパフォーマンスを見せ、完全復活をアピールしています。

最大の武器はドリブル突破。とくにシザースを両足で跨《また》げるのが大きな強みで、相手DFの体勢を崩して一気に縦を切り裂くし、鋭いカットインも見せます。トップスピードに乗るまでも非常に速くて、独力でカウンターからフィニッシュに持ち込めますね。フィジカル能力とテクニックがここまでハイレベルに融合しているウイングはかなり貴重だと思います。

2000年3月9日生まれ。ウイングのネトの強みは鋭いドリブル

2023―2024シーズンは韓国代表のファン・ヒチャンと好連携を見せていて、10節までに1ゴール・9アシストの大活躍。ウォルバーハンプトンの攻撃はこの2人次第と言っても過言ではないので、是非とも注目してほしいですね。

モーガン・ギブス＝ホワイト

ノッティンガム・フォレスト／イングランド国籍

プレミアリーグの若手の中でも、僕はギブス＝ホワイトをかなり推しています。ワールドクラスに育ちうるポテンシャルの持ち主だと思うので、みなさんにも是非とも覚えておいてほしいですね。

2000年1月27日生まれ。ギブズ＝ホワイトは現代的ファンタジスタ

最大の魅力は技術と創造性。現代サッカーではかなり希少になった純正のファンタジスタで、足裏を使ったドリブルやターン、アウトサイドのスルーパス、さらに股抜きなどを駆使し、上手く相手の裏を取って抜け出します。プレッシャーが強い局面でもボールを足下に要求し、自ら局面を打開するメンタルもいかにもナンバー10っぽいですね。

彼のような天才肌はえてして攻撃特化になりがちですが、ギブス＝ホワイトは守備の局面でも献身的。しっかり身体を張るし、プレス強度も高いです。その意味では、「モダンなファンタジスタ」と言えますね。最も得意なのはトップ下ですが、両サイドでも機能するポリバレントさもありますし、2024年はビッグクラブ移籍にも期待したいです。

アレックス・スコット

ボーンマス／イングランドU-20代表

2003年8月21日生まれ。ペップ絶賛のスコット

スコットはブリストル・シティ（イングランド2部リーグ）に所属していた2022－2023シーズンのFAカップで、マンチェスター・シティと戦った際に「信じられない選手」と敵将ジョゼップ・グアルディオラに絶賛されて話題に。2023年夏はボーンマスに引き抜かれ、プレミアリーグ初参戦を果たしています。

個人的にすごく気に入っているのが、ビルドアップの局面でボールを上手く動かして相手を剥がし、ドリブルで縦に運べること。オン・ザ・ボールの持ち上がりで攻撃を加速させられるアンカーは希少価値が高いですしね。さらにプレースキックを任されるほどキックも正確ですし、守備の局面のインテンシティーも高い。20歳とは思えない完成度です。大物になりそうな雰囲気がありますね。

こうした特長、そしてアンカー、インサイドハーフ、トップ下と中盤のあらゆるポジションで機能するポリバレントさも含め、スコットはリバプールのアレクシス・マクアリスターに通じる部分があると思います。このアルゼンチン代表MFのように、一気に世界的名声を手にしても不思議はない要注目タレントです。

ブライアン・サラゴサ

グラナダ／スペイン代表

ブライアンは新進気鋭のウイングです。２０２２―２０２３シーズンはラ・リーガ２部でプレーし、ラ・リーガ１部は２０２３―２０２４シーズンが初参戦ですが、グラナダのエースとして大きなインパクトを放っています。

中でも、僕が解説を担当したバルセロナ戦（２０２３年10月８日）でスーパーな活躍をしていました。まず開始18秒で、裏に抜け出して右足を振って先制点。29分の２点目はさらに鮮烈でした。縦パスを受けるとマークカーのジュル・クンデを鋭く切り返し、カバーにきたアンドレアス・クリステンセンをキックフェイントで翻弄し、最後はアウトサイドキックで美しいゴールを叩き込んだんで

2001年９月９日生まれ。驚異的なドリブルで魅せる新星ブライアン

す。そのわずか4日後にはスペイン代表デビューも飾っていましたね。

現代ではかなり希少になってきた小柄（164センチ）なドリブラーで、スピードとクイックネスを活かした強気な仕掛けは本当に素晴らしいし、アイデアがすごく豊富。観ていてとてもワクワクさせられるウイングですね。2023年12月には、2024―2025シーズンからのバイエルン移籍が正式決定。1部リーグで半年しかプレーしていない選手がメガクラブに引き抜かれるのは超異例ですし、それだけ潜在能力が高い証拠。今後の成長が楽しみですね。

ジョルジ・ママルダシュビリ

バレンシア／ジョージア代表

ママルダシュビリは小国ジョージアの出身ですが、大きな潜在能力を秘めた素晴らしい守護神だと思います。シュートストップ能力がとにかく高く、「ミラクルセーブで違いを作り、チームに勝点をもたらせるGK」ですね。

2メートル近い長身（199センチ）ながら、とにかく俊敏。反応スピードはトップレベルです。しかも手足が長いので、際どいコースのシュートもしっかり弾き出しますね。キャッチング、パンチング、ハイボールへの対応などの基礎技術も総じてハイレベルで、ゴールを守る能力はとにかく安定感があります。

現代のGKに求められるビルドアップへの貢献も、しっかりこなします。エデルソンやマルク＝アンドレ・テア・シュテーゲンのように司令塔機能を担えるほどではないですが、パス出しはミスが少ないし、さらにレフティーという点もプラスアルファですね。

2000年9月29日生まれ。ママルダシュビリはセーブ力がピカイチ

2023年夏はチェルシーやインテル、バイエルンの獲得候補に挙がっていましたが、遠からずビッグクラブに引き抜かれるはずな

ので、みなさんも今から是非ともチェックしておいてください。

ミカ・マルモル

ラス・パルマス／スペイン国籍

マルモルは2022―2023シーズンに2部リーグのアンドラで台頭し、2023年夏にラス・パルマスに引き抜かれてラ・リーガ1部に実質初挑戦しているレフティーのCBです。

2001年7月1日生まれ。出身クラブのバルサに推薦したいマルモル

181センチと現代のCBとしてはかなり小柄。ただ、バルセロナのカンテラ出身だけあって、攻撃センスは抜群ですね。左足のボールテクニックと視野の広さを併せ持ち、長短のパスでゲームを組み立て、さらにタイミングを見たドリブルでの持ち上がりで、味方

にスペースと時間をもたらします。最終ラインからの丁寧な組み立てを信条とするラス・パルマスにはもはや不可欠な存在ですし、CBのビルドアップを学びたい方にとってマルモルは最高のお手本になると思います。

身長こそないですが1対1の対人守備は強いですし、ポゼッションサッカーを志向する監督の下でならビッグクラブでも通用するはず。それこそカンテラの大先輩であるシャビ監督が率いる今のバルサはピッタリだと思います。2024年はその去就にも注目したいですね。

ティジャニ・ラインデルス
ミラン／オランダ代表

オランダのAZで台頭したラインデルスは、2023年夏に移籍したミランでいきなり主力に定着。嬉しいサプライズとなっているインサイドハーフ／アンカーです。ビッグクラブ初挑戦の重圧もどこ吹く風ですね。

1998年７月29日生まれ。ラインデルスは新加入ながらミランの核に
写真＝shutterstock

典型的なボックス・トゥ・ボックス型（自陣ペナルティーエリアから敵陣ペナルティーエリアをカバーするタイプ）の万能型ＭＦ。トラップやパスなど基礎技術が安定していて、さらに「サッカーＩＱ」が非常に高い。パス出し、ドリブルでの前進、味方のフォロー、さらにスペースのカバーなど、それぞれの状況判断とタイミングがいつも最高なんですよね。新天地のミランでは、４―３―３のインサイドハーフかアンカーでプレー。いずれでもしっかり機能し、戦術的柔軟性の高さを証明しています。

序盤戦はやや決定力が物足りない印象でしたが、レッチェ戦（２０２３年11月11日）では突破からのシュートで記念すべきミラン移籍後初ゴール。こうした決定的な仕事がさらに増えれば、さらなる名声を得ることも可能だと思います。

ヨシュア・ザークジー

ボローニャ／オランダ国籍

16歳でフェイエノールトからバイエルンに引き抜かれ、18歳でチャンピオンズリーグにデビューしたザークジーは、以前から逸材ストライカーとして気になる存在でした。ライバルの多いバイエルンではなかなか出番に恵まれませんでしたが、2022年夏に加入したボローニャで才能を開花させつつあります。

2001年5月22日生まれ。イブラヒモビッチを彷彿させるザークジー
写真＝shutterstock

CFとしての潜在能力は底が知れません。193センチの長身ながら足下が柔らかく、動きも俊敏。上手くスペースと時間を作るポストワーク、トリッキーなフェイントも見せるフィニッシュともに、とてもスペクタクルですね。体格やプレースタイルは、僕の大好きなズラタン・イブラヒモビッチ

（元スウェーデン代表）を彷彿とさせるので、個人的には余計に成長が楽しみですね。

ライバルのマルコ・アルナウトビッチがインテルに移籍した2023―2024シーズンは、完全にボローニャのエースに定着。ミランの新戦力候補に挙がるなど評価急騰中なので、セリエAに馴染みがない方も機会があれば是非とも観てみてください。いずれビッグネームになるかもしれませんよ。

ベンヤミン・シェシュコ

RBライプツィヒ／スロベニア代表

高さ、強さ、スピードの三拍子が揃った逸材CFがシェシュコです。その特長に加え、レッドブル・グループで育ったキャリアも含めて「ネクスト・ハーランド」として期待されていますね。

194センチの長身にしては動きがスムーズ。柔軟なポストワークから、ペナルティーエリア内ではゴール嗅覚を発揮します。2023年夏に加入したRBライプツィヒでも、早速その特長を発揮しています。とくに素晴らしかったのがウニオン・ベルリン戦（2023年9月3日）のゴール。トリッキーなワンタッチの落としからそのまま裏に抜け出して、ループパスをヘディングで流し込んだんです。ポテンシャルの大きさを感じましたね。

まだ20歳だけに荒削りな部分はあり、RBライプツィヒでも準レギュラーの立ち位置ですが、経験を積めばブンデスリーガで年間20ゴールを決められる素材。そこまで成長すれば、プレミアリーグ移籍なども見えてくると思います。

2003年5月31日生まれ。シェシュコはポストプレーとフィニッシュの両面で輝く逸材CFだ

ワレン・ザイール＝エムリ

パリ・サンジェルマン／フランス代表

ザイール＝エムリは2022年夏のパリ・サンジェルマン来日ツアーで、「おっ、面白い選手がいるな」と気になった若手MFです。その1か月後にはクラブ史上最年少（16歳151日）で公式戦デビューを飾っていたので、僕の目利きに間違いはなかったですね（笑）。

2006年3月8日生まれ。ザイール＝エムリはPSGで育ち、17歳ながらトップチームでレギュラーに

タイプ的にはダイナミックに攻守に絡めるインサイドハーフ。右利きながら左足も上手く使いこなすテクニック、クイックネスやスピードなども素晴らしいですが、何よりも際立つのが判断の良さです。「認知→判断→実行」が素早く的確で、派手さはないですが裏を取るフェイントで相手を上

手く剝がすんです。パスカットなどが多いのも試合全体がよく見えている証拠ですし、まだ17歳とは思えない戦術眼と冷静さを感じますね。

２０２３−２０２４シーズンはパリ・サンジェルマンでレギュラーに定着し、11月18日のジブラルタル戦では17歳２５５日でフランス代表デビューを飾って初ゴールまでゲット。まさに末恐ろしいタレントですし、順調に成長すれば数年以内にワールドクラスのＭＦになっていると思います。ザイール＝エムリの名前は是非とも覚えておいてください！

サンティアゴ・ヒメネス

フェイエノールト／メキシコ代表

２０２３−２０２４シーズンからＷＯＷＯＷでチャンピオンズリーグの解説にもご指名いただき、担当が多いフェイエノールトでとくに目に留まったのがＣＦのヒメネスです。上田綺世があまり出番を得られていないのは、このメキシコ代表ＦＷ

が活躍しているからなんですよね。

強靭な肉体を誇り、身体の使い方も巧み。２ゴールを挙げたラツィオ戦（２０２３年10月25日）では、とくに1点目に特長がよく出ていました。ペナルティーエリア内で相手ＤＦを背負いながら上手くターンし、混戦の中でスペースを作って左足でシュートを流し込んだんです。素晴らしいフィニッシュでしたね。

2001年４月18日生まれ。ヒメネスはゴールを量産中で、欧州５大リーグ行きも視野に
写真＝shutterstock

ペナルティーエリア内では、常にゴールを意識した動きを繰り返すので相手ＤＦにしては本当に厄介なタイプ。基準点型ながら、サイドに流れての仕掛けも上手いですね。２０２３―２０２４シーズンはほぼ1試合・1ゴールの量産体制に入っていますし、早ければ２０２４年夏にも欧州５大リーグのクラブに引き抜かれるタレ

ントだと思います。

アルネ・スロット
フェイエノールト監督／オランダ国籍

チャンピオンズリーグは多種多様の戦術があって本当に面白い大会なんですが、2023－2024シーズンでとくに僕が惚れ込んでいるのがフェイエノールトのサッカーなんです。スロット監督は本当に素晴らしいチームを作り上げていると思います。

1978年9月17日生まれ。モダンな志向性を持ち、柔軟さも備えるスロット監督
写真＝shutterstock

2022－2023シーズンにフェイエノールトを6年ぶりの国内リーグ制覇に導いた手腕は伊達《だて》ではありません。後方からのビルドアップ＋前線からのハイプレスというモダンで明確な志向性を持

ちながら、とても柔軟性があるんです。試合によって配置や戦い方を微妙に変化させていて、その狙いをチームがしっかり遂行。3―1で快勝したホームでのラツィオ戦（2023年10月25日）も、内容面でも完全に上回る素晴らしい戦いぶりでした。

明確なプレーモデルを持ちながら、相手と状況に応じて戦術を変える柔軟性は、モダンフットボールにおける監督に最も求められる要素と言っても過言ではありません。その意味でスロット監督には非常に可能性を感じますし、いずれビッグクラブの指揮官を任されても何ら不思議はありません。フェイエノールトの試合は、みなさんにも是非ともチェックしてほしいです。

第7章　僕の〝相棒〟「サッカーノート」

約30年前から書き続けているノート

ここでは少しだけ、「サッカーノート」に関するお話をしたいと思います。僕は9歳の頃からずっと書いています。もう、かれこれ約30年間になりますね。

このサッカーノートをつけるきっかけとなったのは、当時所属していたヴェルディ・ジュニアのコーチの勧めでした。内容は人それぞれだと思いますが、僕は練習や試合の内容、感じたこと、自分のできたこと&できなかったことなど、サッカーに関わるあらゆることを綴っていました。

そこからジュニアユース、ユース、大学、そしてプロになって以降もずっとサッカーノートは続けていました。プロだった現役時代は、練習や試合のことはもちろん、「今日は絶対にゴールを取りたい」、「ゲーム前にどんなメンタルを作るか」など目標や気持ちの作り方などもしたためていました。遠征先のホテルなどでもよく書いていたことを覚えています。

監督を務めていた際にも役立った

いま思えば僕は、サッカーノートを書くことで自分の頭の中を整理し、未来に活かそうとしていたのだと思います。試合に勝った時、負けた時、そして僕はCFだったのでゴールが取れた時、取れなかった時で、それぞれ感情が異なります。その時その時の自分と向き合い、さらに将来に向けた糧にしていたわけです。

時間が経ってから昔のノートを読むのも僕は好きですね。様々な学びがあるんですよ。東京大学の監督を務めていたここ3年間は、大学時代のものを引っ張り出して18〜22歳だった当時の自分がどんな感情を持っていたかを思い出したり、現役時代のものから練習メニューを見て活用したりしました。自分のサッカーノートは、大学生を指導する上でも確実にプラスになりましたね。

解説の予習のためにもフル活用

現役引退してからも、解説業と監督業のためにサッカーノートは続けています。解説業でいえば、予習用に試合を観ているだけでも様々なことが頭には何となく残りますが、それだけだとゲームが常に流れている解説時にパッと思い出すのが難しいんです。でも、しっかりメモをしていればより鮮明に覚えられるし、すぐに言語化できるんですよね。

予習用でサッカーノートに書いているのは、メンバー（顔と名前の一致は必須）、システム、攻守のメカニズム、特長（攻撃はポゼッションかカウンターか、守備はハイプレスかブロックかなど）、試合中の変化（システム変更や交代）などですね。こうした前提がしっかり頭に入っているからこそ、ライブ解説でもすぐに特徴や変化を話すことができるんです。

例えば、「前節は4―3―3でしたけど、この試合は3―4―2―1が初期配置ですね」、「この右SBが攻撃時にセントラルMFに入る可変は、3試合前から導入していますよね」といったコメントも、前提として予習ができていないと絶対に話すことができません。だから僕は予習に時間を惜しまないし、そのためにサッカーノートを活用しています。

さらに、選手を表現する時のキャッチコピーも僕はノートに書いています。ハリー・ケインなら「パーフェクト・ストライカー」、ジュード・ベリンガムなら「万能」など、パッと特徴を表現するのに役立つ一言ですね。また、同じく試合解説時に使用する「言語化集」もメモ書きにしています。例えば「ボール保持・非保持」、「メカニズム」、「再現性」、「予防的マーキング」、「正確・明確・効果的」、「臨機応変」、「具現化」、「振る舞い」など喋る際に使用頻度の高い言葉ですね。

こうした作業は、僕の中で解説を務めさせていただく上で絶対に欠かせないことだと思っています。たまにＳＮＳでサッカーノートの一部を公開すると、「内容が濃すぎる」とファンの方々にお褒めの言葉もいただきますね。プロとしての仕事を評価されて、素直に嬉しく思います。

推しチーム用のノートを作ろう

ちなみに、もちろん僕もスマートフォンやタブレット、パソコンなどを持っていますが、サッカーノートは今もリアルな紙を使っています。僕の場合は実際に文字で書いたほうが記憶に残るし、使い勝手が良いように感じるからです。

この本を読んでくださったサッカーファンのみなさんにも、是非ともサッカーノートを作ってみることをお勧めしたいです。中でも推奨したいのは、推しチームを1シーズン追いかけたもの。僕のようにメンバー、システム、攻守のメカニズム、特長、試合中の変化、選手の特徴などを自分なりに書いてみるんです。これを1年間も続ければ、チームの流れや変化がだんだんと分かるようになるはずです。

そうすれば、次の試合で感じることが絶対に変わってくるし、ひいてはサッカーの観戦力そのものが絶対に上がっていくはずです。

先日、とあるサッカー関係者の方々と会った時に、「日本サッカー界の発展」という話になりました。日本代表がワールドカップでベスト8以上を現実目標にするなど、選手たちは着実に成長しています。同時にメディアやサポーターもサッカーをもっとより深く理解できるようになれば、日本サッカーはますます底上げされるはずですよねと、そんな話になったんです。

僕は解説者としてメディアの立場から、全力でサッカーの魅力と奥深さを伝えていきたいと思っています。だからファンのみなさんも、是非とも一緒に成長しましょう。そのためにもサッカーノートをつけて、観戦力をどんどん高めてください。

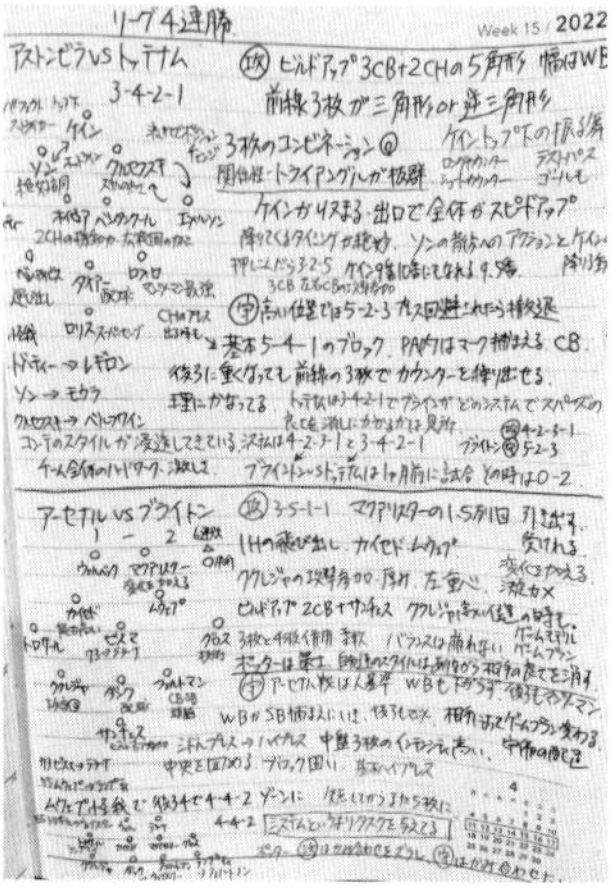

これまで書き溜めたサッカーノートは自宅に大切に保管

ノートにはチームや選手の状態、システムなどをまとめている

適切でわかりやすい表現方法をまとめた「言語化集」も作っている

おわりに

ちょっと長い1冊になりましたが、最後まで読んでいただき、ありがとうございます。

そもそもこの本を書こうと思ったきっかけは、周囲の方々の後押しでした。中継局のスタッフさんなどに「解説や分析のお話がすごく深くて面白いので、本とか出さないんですか？」、サッカー選手仲間たちに「あれだけ詳細に戦術や状況を分かりやすく話せるのだから、本にまとめてみれば？」などと言われることが、引退後の3年間で何度もあったんです。個人的に書籍を出させていただくのは3冊目になりますが、ここまで戦術や分析を詳細に綴ったのは今回が初めてになります。

この本でみなさんにサッカーの奥深さが伝わり、少しでも観戦が楽しくなってくれることを願っています。また、これまでJリーグや日本代表しか観てこなかった方が、欧州サッカーを好きになるきっかけの1冊になってくれたら、これほど嬉しいことはありません。

個人的な話をさせていただくと、2023年はたくさんの出会いや周囲の方々のサポートに恵まれ、本当に充実した1年になりました。海外サッカー解説の仕事がさらに増えてチャンピオンズリーグでもご指名いただけるようになり、さらに12月には天皇杯決勝（NHK）で地上波デビューを飾ることができたんです。

迎えた2024年は、東大監督時代はスケジュールの関係でなかなかオファーをお受けできなかったJリーグの試合解説も担当させていただく予定になっています。解説者として海外サッカー、Jリーグに続く目標は日本代表だったのですが、年明け早々のアジアカップで初担当する機会に恵まれました。こうして思い描いていた夢が次々に叶っていっているのは、自分が仕事に真摯に取り組んできた結果であり、周囲のみなさんのサポートのおかげだと思っています。

こうした本の最後は「それではまた、どこかでお会いしましょう」がいわゆる定型文だと思いますが、僕は今後もプレミアリーグ、ラ・リーガ、セリエA、チャンピオンズリーグ、ヨーロッパリーグ、各国代表戦、そしてJリーグで解説をしていく予定なので、サッカーファンのみなさんは毎週のようにどこかで僕の姿と声を視聴されていくはずだと思います（笑）。だから、「今後ともどうぞよろしくお願いします」という言葉で、この本を締めさせていただきます。

2024年1月

林陵平

【著者】
林陵平（はやし りょうへい）
1986年生まれ。サッカー解説者、指導者。元Jリーガー。ポジションはCF。明治大学卒業後の2009年、東京ヴェルディに加入。その後、柏レイソル、モンテディオ山形、水戸ホーリーホックなどで活躍。20年に現役引退。Jリーグ通算成績は300試合・67得点。21年1月から23年12月まで東京大学運動会ア式蹴球部監督。現在はSPOTV NOW、ABEMA、U-NEXT、DAZN、WOWOW、NHKなどで解説者として活動。著書に『Jリーガーが海外サッカーのヤバイ話を教えます』（飛鳥新社）、『サッカー 局面を打開するデキる選手の動き方』（日本文芸社）。

平凡社新書1051

林陵平のサッカー観戦術
試合がぐっと面白くなる極意

発行日――2024年2月15日　初版第1刷
　　　　　2024年7月23日　初版第5刷

著者――林陵平
構成――増田湊斗
発行者――下中順平
発行所――株式会社平凡社
〒101-0051 東京都千代田区神田神保町3-29
電話 (03) 3230-6573［営業］
ホームページ https://www.heibonsha.co.jp/

印刷・製本―TOPPANクロレ株式会社
装幀――菊地信義

ISBN978-4-582-86051-1